Bernd Ganser (Hrsg.)
Sibylle Schüller

Rechtschreibklippen überwinden

Typische Fehler im Griff

Materialien und Kopiervorlagen

Auer Verlag GmbH

Gedruckt auf umweltbewusst gefertigtem, chlorfrei gebleichtem
und alterungsbeständigem Papier.

1. Auflage 2008
© by Auer Verlag GmbH, Donauwörth
Alle Rechte vorbehalten
Das Werk und seine Teile sind urheberrechtlich geschützt.
Jede Nutzung in anderen als den gesetzlich zugelassenen Fällen bedarf der vorherigen schriftlichen Einwilligung des Verlages. Hinweis zu § 52 a UrhG: Weder das Werk noch seine Teile dürfen ohne eine solche Einwilligung eingescannt und in ein Netzwerk eingestellt werden. Dies gilt auch für Intranets von Schulen und sonstigen Bildungseinrichtungen.
Illustrationen: Stefanie Aufmuth, Corina Beurenmeister
Satz: Fotosatz H. Buck, Kumhausen
Druck und Bindung: Kessler Druck + Medien, Bobingen
ISBN 3-403-04463-5

www.auer-verlag.de

Inhalt

Für wen ist dieses Buch gedacht? 5

I. Materialien

Phonematische Diskrimination 7
Meine Handzeichen
Flaschenpost

Vokallängen wahrnehmen 8
Wer findet lustige Namen?
Welches ist das richtige Wort?

Wörter strukturieren 9
Silbensprache
Wörter in Silben zerlegen

Singular- und Pluralbildung 10
Mein Ein-und-viele-Haus
Kärtchen klammern

Nomen und ihre Begleiter 11
Einzug in das Der-die-das-Haus
Die gefräßige Schlange

Groß- und Kleinschreibung 12
Wortartenscheiben schnappen
Wortartenkisten einräumen

Dehnung mit h 13
Mein Kartenspiel
„Schwerer" Wörtertransporter

Konsonantenverdopplung 14
Wörterkreisel/Lupenwörter
Reimwörterdrachen/Dreieckpuzzle

Wortfamilien 15
Wortfamiliensterne legen
Wortfamiliensalat

St/Str und Sp/Spr am Wortanfang 16
Drehscheiben drehen
Zerschnittene Drehscheiben

II. Kopiervorlagen

Vokallängen wahrnehmen

KV 1	Lustige Namen (1)	18
KV 2	Lustige Namen (2)	19
KV 3	Welches ist das richtige Wort?	20
KV 4	Rätsel, Rätsel, Rätsel	21
KV 5	Bist du jetzt ganz sicher?	22

Wörter strukturieren

KV 6	Silbenbögen für Wörter mit 1 bis 4 Silben	23
KV 7	Silbenbögen für Wörter mit 5 und 6 Silben	24
KV 8	Silben klatschen (1)	25
KV 9	Silbenbögen malen (1)	26
KV 10	Silben klatschen (2)	27
KV 11	Silbenbögen malen (2)	28
KV 12	Wörter in Silben zerlegen (1)	29
KV 13	Wörter in Silben zerlegen (2)	30
KV 14	Wörter in Silben zerlegen (3)	31
KV 15	Wie viele Silben sind es?	32
KV 16	Wörter richtig schreiben	33
KV 17	Wörterrätsel	34
KV 18	Noch schwierigere Wörterrätsel	35

Singular- und Pluralbildung

KV 19	Mein Ein-und-viele-Haus	36
KV 20	Bildkarten (1)	37
KV 21	Bildkarten (2)	38
KV 22	Bild- und Wortkarten: Begleiter „der" (1)	39
KV 23	Bild- und Wortkarten: Begleiter „der" (2)	40
KV 24	Bild- und Wortkarten: Begleiter „die" (1)	41
KV 25	Bild- und Wortkarten: Begleiter „die" (2)	42
KV 26	Bild- und Wortkarten: Begleiter „das" (1)	43
KV 27	Bild- und Wortkarten: Begleiter „das" (2)	44
KV 28	Bild- und Wortkarten: Begleiter „der", „die", „das" (1)	45
KV 29	Bild- und Wortkarten: Begleiter „der", „die", „das" (2)	46
KV 30	Bild- und Wortkarten: Begleiter „der", „die", „das" (3)	47
KV 31	Bild- und Wortkarten: Begleiter „der", „die", „das" (4)	48
KV 32	Der passende Begleiter	49
KV 33	Was ändert sich in der Mehrzahl?	50
KV 34	Einzahl-Mehrzahl-Domino/Memory® (1)	51
KV 35	Einzahl-Mehrzahl-Domino/Memory® (2)	52

Nomen und ihre Begleiter

KV 36	Mein Der-die-das-Haus	53
KV 37	Bild- und Wortkarten (1)	54
KV 38	Bild- und Wortkarten (2)	55

KV 39 Bild- und Wortkarten (3)	56
KV 40 Bild- und Wortkarten (4)	57
KV 41 Bild- und Wortkarten (5)	58
KV 42 Bild- und Wortkarten (6)	59
KV 43 Wörter im Der-die-das-Haus	60
KV 44 Was fehlt im Satz? (1)	61
KV 45 Was fehlt im Satz? (2)	62
KV 46 Was fehlt im Satz? (3)	63
KV 47 Die gefräßige Schlange	64

Groß- und Kleinschreibung

KV 48 Wortartenscheiben (1)	65
KV 49 Wortartenscheiben (2)	66
KV 50 Wortartenscheiben (3)	67
KV 51 Welche Wörter kommen in welche Kiste?	68
KV 52 Wörterkisten	69
KV 53 Wortartensechseck	70

Dehnung mit h

KV 54 Mein Kartenspiel (1)	71
KV 55 Mein Kartenspiel (2)	72
KV 56 Mein Kartenspiel (3)	73
KV 57 Mein Kartenspiel (4)	74
KV 58 „Schwerer" Wörtertransporter	75
KV 59 Sätze zum Wörtertransporter	76
KV 60 Versteckte Wörter	77

Konsonantenverdopplung

KV 61 Wörterkreisel	78
KV 62 Bild- und Wortkarten zu Wörtern mit doppeltem Mitlaut (1)	79
KV 63 Bild- und Wortkarten zu Wörtern mit doppeltem Mitlaut (2)	80
KV 64 Bild- und Wortkarten zu Wörtern mit doppeltem Mitlaut (3)	81
KV 65 Bild- und Wortkarten zu Wörtern mit doppeltem Mitlaut (4)	82
KV 66 Bild- und Wortkarten zu Wörtern mit doppeltem Mitlaut (5)	83
KV 67 Bild- und Wortkarten zu Wörtern mit doppeltem Mitlaut (6)	84
KV 68 Wörterlisten zu den Doppelmitlauten (1)	85
KV 69 Wörterlisten zu den Doppelmitlauten (2)	86
KV 70 Der Reimwörterdrachen	87
KV 71 Dreieck-Puzzle zu den Doppelmitlauten	88
KV 72 Dreieck-Puzzle – leer	89
KV 73 Lückentext	90
KV 74 Vor und zurück auf dem Spielplan	91

Wortfamilien

KV 75 Wortfamiliensterne (1)	92
KV 76 Wortfamiliensterne (2)	93
KV 77 Wortfamiliensterne (3)	94
KV 78 Wortfamiliensterne (4)	95
KV 79 Der schlaue Wortfamiliendetektiv (1)	96
KV 80 Der schlaue Wortfamiliendetektiv (2)	97
KV 81 Wortfamiliensalat	98

St/Str und Sp/Spr am Wortanfang

KV 82 Deckplatte mit Sichtfenster	99
KV 83 Drehscheibe 1: Wörter mit „Sp"	100
KV 84 Drehscheibe 2: Wörter mit „Sp"	101
KV 85 Drehscheibe 3: Wörter mit „Spr"	102
KV 86 Drehscheibe 4: Wörter mit „St"	103
KV 87 Drehscheibe 5: Wörter mit „Str"	104
KV 88 Bilder-Drehscheibe (1)	105
KV 89 Bilder-Drehscheibe (2)	106

Für wen ist dieses Buch gedacht?

Rechtschreiben stellt in unserer Wissensgesellschaft als kulturelle Schlüsselqualifikation eine grundlegende Voraussetzung für die optimale individuelle Bildung unserer Kinder dar und ist maßgeblich für schulische und berufliche Erfolge verantwortlich.

Die vorliegenden Materialien zum **direkten Einsatz im täglichen Unterricht** sind auf die besonderen **Bedürfnisse von Kindern** zugeschnitten, die einer gezielten Unterstützung bei typischen Rechtschreibproblemen bedürfen.
Spezifische **Fehlermuster** beim Rechtschreibenlernen, die gehäuft auftreten, werden in diesem Buch konsequent aufgearbeitet. Dabei wird ein besonderes Augenmerk auf den teilweise eingeschränkten Wortschatz der betroffenen Kinder gelegt: Die sprachliche Formulierung von Aufgabenstellung und Aufgabeninhalt ist bewusst einfach gehalten. Dadurch werden Aufgabenverständnis und Sinnerfassung maßgeblich unterstützt, sodass ein hohes Maß an **Selbsttätigkeit** möglich wird, weil Lehrkraft oder Eltern nur selten zur Klärung eingreifen müssen. Diese effektive Förderhilfe eignet sich deshalb auch hervorragend **für Kinder mit nichtdeutscher Erstsprache**, die Schwierigkeiten beim Rechtschreiben haben.
Die Inhalte können **zur inneren Differenzierung** im Regelunterricht **als Einzelbausteine** passend zum jeweils aktuellen Deutschunterricht bearbeitet werden.

Dieser zeitsparende und praxiserprobte tägliche Begleiter zur Förderung von Rechtschreibkompetenz ist insbesondere geeignet

– für Lehrkräfte, die **rechtschreibschwache Kinder** mit deutscher Erstsprache fördern wollen,
– für Lehrkräfte, die im **Regel- oder Förderunterricht** Migrantenkinder unterrichten,
– für Lehrkräfte, die **lernschwache Kinder** unterrichten,
– für Eltern, die ihren Kindern zusätzliche **häusliche Stützmaßnahmen** anbieten wollen und
– zur **Hausaufgabendifferenzierung.**

Im ersten Teil finden Sie zu einzelnen Fehlerschwerpunkten sorgfältig ausgewählte farbig abgedruckte Materialien. Dabei ermöglicht die bewusst reduzierte Materialvielfalt eine stets wiederkehrende und variationsreiche Verwendung. Dies spart Kosten und benötigt wenig Platz für die Aufbewahrung im Klassenzimmer. Die detailliert beschriebenen Arbeitsmittel können nach Anleitung selbst hergestellt oder aber käuflich erworben werden (Bezugsquellen sind angegeben).

Im zweiten Teil des Buches finden Sie eine motivierende und passgenaue **Sammlung von Kopiervorlagen**. Die Arbeitsblätter sind dabei so konzipiert, dass sie auch ohne zusätzliche Anleitung von den Kindern **selbsttätig** bearbeitet werden können.

Wir wünschen allen, die mit diesem Buch arbeiten, viel Freude und Erfolg!

Sie suchen noch eine motivierende Förderhilfe zum Lesen- und Rechtschreibenlernen, die nach dem Stufenmodell zum Schriftspracherwerb aufgebaut ist? Kein Problem! Fragen Sie nach dem Auer-Buch „Damit hab ich es gelernt!" (Best.-Nr. 3152).

Dr. Bernd Ganser (Herausgeber)

I.
Materialien

Phonematische Diskrimination — Materialien

Meine Handzeichen

Förderziele
- Lautgebärden kennenlernen und über die Mund- und Handmotorik darstellen und einprägen.
- Als Instrument zur Lautbildung und Unterscheidung, besonders bei der Darstellung klangähnlicher Phoneme, nutzen: m – n, d – t, g – k, b – p ...
- Zur Verbesserung der Aussprache anregen.

Material
- Satz Handzeichen/Lautgebärdenbilder (s. Tipp)
- 1 Handspiegel
- 1 kleine Tafel oder 1 Block
- Kreide oder Stift
- selbst beschriftete Buchstabenkarten

Einsatz/Handhabung (s. Bild)
Lautgebärden kennenlernen
- Einzel-, Partner- und Gruppenarbeit
- Zunächst einen Teil der Lautgebärdenbilder betrachten, Lehrer macht Zeichen vor, Kinder ahmen sie nach und lautieren gleichzeitig.
- Vor einem großen Spiegel Hand- und Mundmotorik vergleichen, ggf. korrigieren.
- Mit dem Handspiegel Mundmotorik überprüfen.
- Sich gegenseitig Handzeichen zeigen und den dargestellten Laut raten. Handzeichen auf die Tafel oder den Block schreiben, Lösungen vergleichen.

Variation
Buchstaben sammeln
- Einige Buchstabenkarten liegen auf dem Tisch. Lehrer/Kind macht stumm eine Gebärde vor. Partner nennt den dargestellten Laut und zieht die entsprechende Buchstabenkarte ein.

☛ Tipp
- Handzeichensystem ist beim Auer Verlag zu erwerben, Best.-Nr. 3757.
- Lautgebärden regelmäßig wiederholen! Sie sind grundsätzlich hervorragend für den Lese- und Rechtschreibunterricht geeignet!

Flaschenpost

Förderziele
- Über die Bewegungsabfolge der Lautgebärde die Hör- und Sprechmuster für das Sprechen, Lesen und Schreiben aktivieren.
- Aufbau der Mitsprech-Strategie über die Gebärden unterstützen.
- Genauen Sprechbewegungsablauf trainieren.
- Durch phonetische Übungen die Artikulation nachhaltig verbessern.
- Serielle Abläufe (Buchstabenfolge) erkennen und bei der Demonstration mit Handzeichen einhalten.

Material
- Satz Handzeichen/Lautgebärdenbilder (s. Tipp)
- 1 leere Flasche
- 1 kleine Teppichfliese
- 1 Handspiegel
- Buchstaben-, Silben-, Wortkarten

Einsatz/Handhabung
- Kinder stehen im Kreis. In der Mitte des Kreises liegt auf der Teppichfliese die leere Flasche.
- Um die Teppichfliese herum sind Buchstabenkarten und Lautgebärdenbilder aufgelegt.
- Reihum wird mit der Flasche gekreiselt: Zeigt der Flaschenhals auf eine Buchstabenkarte, wird die Lautgebärde des Graphems nachgeahmt, weist der Flaschenhals auf ein Lautgebärdenbild, wird der dargestellte Laut genannt.
- Jetzt kommt das nächste Kind an die Reihe.

Variation
Silben und Wörter raten
- Durchführung wie oben beschrieben, jetzt mit Silben- und/oder Wortkarten. Silben und Wörter z. B. des eigenen Vornamens mit Gebärdenabfolge deutlich demonstrieren, nennen und notieren.

Kontrolle
- Lehrer, Partner, Lautgebärdenbilder, Handspiegel

☛ Tipp
- s. linke Spalte
- Die Verwendung einer kleinen Teppichfliese vermeidet unnötige Nebengeräusche beim Flaschendrehen.

Vokallängen wahrnehmen — Materialien

Wer findet lustige Namen?

Förderziele
- Erkennen, dass durch bewusst andere Betonung und unterschiedliche Klangdauer der Sinngehalt eines gesprochenen Wortes z. B. durch Dehnung und Schärfung beeinflusst oder gänzlich verändert werden kann.
- Auditive Differenzierungsfähigkeit verbessern.
- Wechsel in der Nachsprechtechnik praktizieren, sich dabei der Sinnänderung des Wortes bewusst werden.
- Durch Satzbildungen den Sinn deuten und klären.

Material
- verschiedene kleine Alltagsgegenstände oder ausgeschnittene Bilder der KV 1–2, S. 18–19
- 1 Gummiband, ca. 15 cm lang, an beiden Enden verknotet
- ca. 25 Muggelsteine (s. Tipp rechts unten)

Einsatz/Handhabung
Kennenlernen
- Die Kinder sitzen im Kreis und werden der Reihe nach vom Lehrer mit Namen gerufen. Alle zeigen auf das gemeinte Kind und sprechen, flüstern, rufen, klatschen, klopfen ... dessen Namen nach.
- Namen rhythmisch syllabierend aufsagen. Silbenanzahl nennen. Rhythmisch-silbierendes Schwingen und Schreiten im Raum praktizieren (z. B. Methode nach Reuter-Liehr).

Lustige Namen: Wer ist gemeint?
- Nun werden die Namen verändert ausgesprochen: Bei Schärfungen wird gedehnt gesprochen, bei Dehnungen wird geschärft, z. B. Lina – *Linna*, Johannes – *Johanes*, Florian – *Florrian*, Anna – *Ana*, Lisa – *Lissa*, Simon – *Simmon*.
- Jedes Kind nimmt sein Gummiband und zeigt damit sowohl die lange als auch die kurz gesprochene Namensversion an.

Variation (s. Bild)
Bildkarten belegen
- Gleichermaßen verfahren mit KV 1–2, S. 18–19: Wort verändert aussprechen, Muggelstein auf betreffendes Bild legen, Wort richtig betonen. Mit Gummilitze beide Versionen darstellen.
- Weitere lustige Namen und Wörter finden.

Welches ist das richtige Wort?

Förderziele
- Lückensätze durch Einsetzübung ergänzen.
- Bedeutungsänderung von Wörtern durch phonetische Neustrukturierung verdeutlichen.
- Sinngehalt durch Einsetzübung überprüfen.
- Hörstrategien und Artikulation verbessern, trainieren und symbolhaft (z. B. mit Gummiband) darstellen.
- Aussprache über die Phonetik weiterentwickeln.
- Eigene Ausdrucksweise optimieren.

Material
- KV 3–5, S. 20–22
- ca. 30–40 Kartonkärtchen der Größe 3 x 2 cm
- Stift
- Stück Gummiband

Einsatz/Handhabung (s. Bild)
Lückensätze
- Kartonkärtchen mit den Lückenwörtern der KV beschriften und auf dem Tisch auslegen. Nach Wortpaaren ordnen und genau lesen.
- KV 3, S. 20, Satz für Satz lesen. Sinngehalt deuten und das richtige Wort auswählen. Aussprache der Wortpaare (z. B. „Schal/Schall") mit Gummiband nachvollziehen, sich dabei der Dehnung und Kürzung von Vokalen bewusst werden. Lückenwortkärtchen zum Satz legen, dann in die Lücke schreiben. Den Satz noch einmal betont vorlesen.

Variation
„Rätsel, Rätsel, Rätsel ..."
- Bearbeitung der KV 4–5, S. 21–22, wie oben beschrieben. Rätselsätze vorlesen; weitere Rätsel selbst erfinden und formulieren.

Kontrolle
- Partner, Lehrer

☛ Tipp
- Sprachspiel mit Dingen aus der unmittelbaren Umgebung (Zimmer, Garten ...) durchführen. Ein Spaziergang „auf der Suche nach lustigen Namen" macht großen Spaß!
- Alternativ werden Bohnen, Chips ... verwendet.
- Muggelsteine sind über den VLS-Verlag erhältlich, Best.-Nr. 6019 (blau), 6020 (grün) und 6017 (rot).

Wörter strukturieren — Materialien

Silbensprache

Förderziele
– Phonologische Bewusstheit im weiteren Sinn.
– Gliederungselemente der gesprochenen Sprache erkennen: Aufbau der Mitsprechstrategie über die bildhafte Ebene einüben.
– Silbenbögen als optische Unterstützung des rhythmischen Syllabierens verwenden.
– Silbenanzahlen nennen und notieren.
– Artikel von Nomen einprägen.

Material
– beliebige Gegenstände oder Bilder (z. B. aus Katalog)
– KV 6–11, S. 23–28
– Bleistift, Schere

Einsatz/Handhabung
– Einzel-, Partner- und Gruppenarbeit
– Die Silbenbögen ausschneiden. Bilder oder Gegenstände auf dem Tisch auflegen. Ein Kind wählt einen Gegenstand oder ein Bild aus, spricht in Silben und klatscht gleichzeitig den Silbenrhythmus. Je nach Silbenanzahl des Wortes wird ein passender Silbenbogen (KV 6–7, S. 23–24) zum Bild oder Gegenstand gelegt.
– Reihum sprechen die Kinder der Gruppe die Wörter nach und schwingen die Silbenbögen mit dem Finger auf den Tisch.

Variation 1 (s. Bild)
Silben klatschen und Silbenbögen malen
– Bearbeiten der KV 8–11, S. 25–28: Zu jedem Wort in Bildform wird gemäß der Silbenanzahl ein passender Silbenbogen gelegt oder/und die Silbenanzahl in das Kästchen unter jedem Bild eingetragen.

Variation 2
Welches Wort passt zum Silbenbogen?
– Beliebigen Silbenbogen auf den Tisch legen, Partner nennt passendes Wort mit entsprechender Silbenanzahl. Silben rhythmisch sprechen und klatschen.

Kontrolle
– Lehrer, Lernpartner

☛ Tipp
– Der längeren Haltbarkeit wegen die Silbenbögen auf Karton kopieren, laminieren und ausschneiden.

Wörter in Silben zerlegen

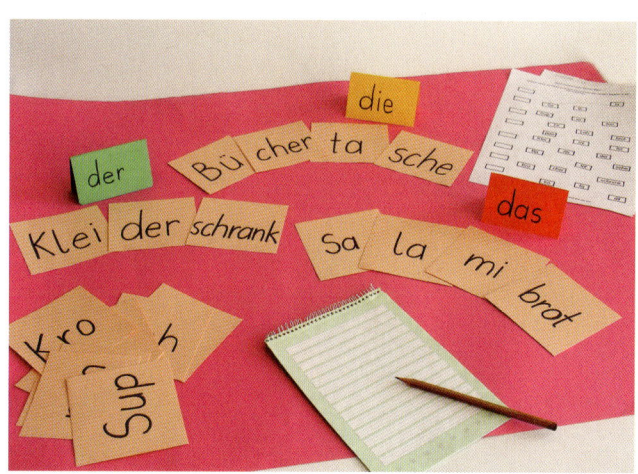

Förderziele
– Phonologische Bewusstheit im weiteren Sinn.
– In Silben lesen und sinnvolle Wörter bilden.
– Ein Gefühl für die Silbensegmentierung erlangen.
– Wortstrukturen erkennen durch silbenpauseneinhaltendes Sprechen.
– Wortschatz festigen und ausweiten.
– Synchrones Sprechschreiben trainieren.
– Anzahl der Silben kinästhetisch wahrnehmen.

Material
– KV 6–7, S. 23–24
– KV 12–18, S. 29–35
– ca. 20 Kartonkarten der Größe DIN A6
– 3 Kartonkärtchen in Grün, Rot, Gelb (ca. 12 x 8 cm)
– Schreibblock, Bleistift

Einsatz/Handhabung
– Einzel-, Partner- und Gruppenarbeit
– Gemäß der Silbenanzahl den passenden Silbenbogen (KV 6–7) zu jedem Bild der KV 12–14 legen, nachspuren; Silbenbögen auch auf den Tisch mit dem Finger spuren und dazu gleichzeitig rhythmisch sprechen. Silbenanzahl z. B. auf den Rücken tippen.
– Bei einer Lautbildungsschwäche Lautgebärdenbilder zur Unterstützung für die exakte Lautbildung einsetzen (s. Tipp).

Variation 1
Wie viele Silben sind es? Wörter richtig schreiben
– Silbenanzahlen bestimmen und notieren: KV 15–16, S. 32–33.

Variation 2 (s. Bild)
Kannst du diese Wörterrätsel lösen?
– Die Silben von Wörtern auf Kartonpapier schreiben. Silben mischen und zu sinnvollen Wörtern zusammensetzen. Dem entsprechenden Artikelkärtchen zuordnen. Silben rhythmisch lesen und Wörter auf dem Block notieren. KV 17–18, S. 34–35, bearbeiten.

Kontrolle
– Gruppe, Partner

☛ Tipp
– Lautgebärdenbilder zur Unterstützung des Aufbaus der Mitsprechstrategie sind über den Auer Verlag zu erwerben (Handzeichensystem, Best.-Nr. 3757).

Singular- und Pluralbildung — Materialien

Mein Ein-und-viele-Haus

Förderziele
- Singular- und Pluralbildung von Nomen durch aktiven Sprachgebrauch anwenden und automatisieren.
- Unbestimmte Artikel in der Singular- und Pluralform beachten und festigen.
- Wörter einprägen und richtig aufschreiben.
- Schreibgeläufigkeit steigern.
- Sprach- und Anweisungsverständnis schulen.

Material
- KV 19–21, S. 36–38
- Schere, Block, Stift

Einsatz/Handhabung
- Partner- und Gruppenarbeit
- KV 19, S. 36, kopieren, evtl. auf 141 % vergrößern.
- Bildkarten der KV 20–21, S. 37–38, kopieren und an der gestrichelten Linie ausschneiden. Die Karten nacheinander in die linke bzw. rechte Spalte des Hauses legen und verbalisieren:
  „Das ist *ein* Hut, das sind *viele* Hüte …"
  „Das ist *eine* Vase, das sind *viele* Vasen …"
- Sätze bilden und notieren: Lehrer gibt die Wörter und/oder Sätze an der Tafel vor. Beispiele:
  „*Eine* Mütze liegt auf der Straße.
  Viele Mützen liegen auf der Straße."
  „*Ein* Auto fährt zu schnell.
  Viele Autos fahren zu schnell."
- Aus dem Aktivwortschatz der Kinder analog Sprachübungen auch ohne Bildunterstützung durchführen. Die Wörter und Sätze werden z. B. an der Tafel vorgeschrieben, die Kinder notieren sie auf ihrem Block, lesen sie vor und diktieren sie sich.

Variation (s. Bild)
Wohin kommt die Karte?
- Die Bildkarten der KV 20–21, S. 37–38, liegen gemischt, gestapelt und verdeckt auf dem Tisch. Reihum zieht jedes Kind eine Karte und legt sie je nach Einzahl oder Mehrzahl in die linke oder rechte Spalte des Ein-und-viele-Hauses. Dazu spricht es deutlich: „Das ist *ein* Stuhl", „Das sind *viele* Hüte" usw.

Kontrolle
- Lernpartner, Lehrer, Tafel

Kärtchen klammern

Förderziele
- Singular- und Pluralbildung von Nomen sichern.
- Veränderungen der Artikel in der männlichen und sächlichen Form wiederholen und merken.
- Erkennen, dass sich die weibliche Form des Artikels in der Pluralbildung nicht verändert.
- Wörter lesen und Sätze formulieren.
- Sinn entnehmen und sprachlich wiedergeben.

Material
- Bild- und Wortkarten, KV 22–31, S. 39–48
- KV 32–33, S. 49–50
- Dominospiel und Memory®, KV 34–35, S. 51–52
- ca. 30 kleine Klammern in den Symbolfarben Grün, Gelb und Rot zur Unterscheidung der Artikel
- Schere, Block, Buntstifte (in Grün, Gelb, Rot)

Einsatz/Handhabung (s. Bild)
- Einzel-, Partner- und Gruppenarbeit
- Die Bild- und Wortkarten der KV 22–31, S. 39–48, doppelseitig kopieren, ausschneiden, evtl. laminieren.
- Symbolfarben der Klammern besprechen: „der" = grün, „die" = gelb, „das" = rot.
- Bildkartenseite auflegen, zu jedem Bild Artikel sagen und Farbklammer anbringen. Karte umdrehen, vorlesen, kontrollieren.
- Die Bildkarten nach Artikeln ordnen, Bilder benennen, umdrehen und (vor)lesen.
- **Oder:** Ein Kind hält eine Klammer hoch. Ein Partner wählt zur Farbe der Klammer eine passende Bildkarte aus und nennt das Wort mit dem Artikel. Das Wort wird aufgeschrieben.
- Sicherung der Begleiter durch KV 32–33, S. 49–50.

Variation
Einzahl-Mehrzahl-Domino/Memory®
- KV 34–35, S. 51–52, doppelseitig kopieren, evtl. laminieren und ausschneiden.
- Zur Herstellung des Memory®-Spiels die Domino-Karten in der Mitte auseinanderschneiden. Nach dem Spiel die Wörter aufschreiben und kontrollieren.

Kontrolle
- durch Umdrehen der Bildkarten, Partner, Lehrer

☛ Tipp
- Kleine bunte Klammern sind über den VLS-Verlag zu erwerben, Best.-Nr. 4999.

Nomen und ihre Begleiter | Materialien

Einzug in das Der-die-das-Haus

Förderziele
- Kennenlernen, Wiederholen und Festigen von bestimmten und unbestimmten Artikeln über die bildhafte Darstellung.
- Großschreibung von Nomen beachten.
- Artikel als Signalfunktion für Nomen erfassen.
- Bestehenden Wortschatz sichern und ausweiten.
- Spracharbeit durch verständliche Satzbildung leisten, dadurch Sinnerfassung klären.

Material
- Der-die-das-Haus (KV 36, S. 53)
- KV 37–46, S. 54–63
- Schere

Einsatz/Handhabung (s. Bild)
- Partner- und Gruppenarbeit
- Das Der-die-das-Haus (KV 36) evtl. auf 141 % vergrößern und laminieren.
- Bild- und Wortkarten der KV 37–42, S. 54–59, ausschneiden, ausmalen und ggf. laminieren. Begriffe der Abbildungen klären.
- Karten mit Bildseite nach oben auflegen. Kind nimmt eine Bildkarte und nennt das Wort mit dem bestimmten und unbestimmten Artikel. Karte umdrehen, lesen und vergleichen. Karte in die richtige Artikelspalte des Der-die-das-Hauses legen. Einen Satz zum jeweiligen Bild formulieren.
- Sicherung: Die Wörter in die Spalten der KV 43, S. 60, eintragen, (vor)lesen und kontrollieren.
- Sich eine vorher ausgemachte Anzahl an Wörtern vom Lernpartner diktieren lassen.

Variation
Bild-Wort-Memory®
- Die Vorder- und Rückseiten der Bild- und Wortkarten auf KV 37–42, S. 54–59, getrennt kopieren, ausschneiden und die Rückseite jeder Karte mit einem Symbol kennzeichnen. Dabei für Bildkarten und Wortkarten verschiedene Symbole verwenden (s. Tipp).
- Karten mischen, geordnet und verdeckt auflegen.
- Durch Aufdecken von zwei Karten mit verschiedenen Symbolen ein Bild-Wort-Kartenpaar finden.
- Zur Sicherung der Begleiter KV 44–46, S. 61–63, bearbeiten.

☛ Tipp
- Selbstklebende Markierungspunkte verwenden.

Die gefräßige Schlange

Förderziele
- Den individuellen Wortschatz erweitern.
- (Bekannte) Gegenstände ertasten und nennen.
- Artikelbildung wiederholen und in spielerischer Form dauerhaft behalten, dabei klar artikulieren.
- Bestimmte und unbestimmte Artikel für Nomen im Sprachgebrauch trainieren.

Material
- KV 47, S. 64
- ca. 10–15 kleinere Alltagsgegenstände oder Bilder
- Schere
- 1 Tuch (blickdicht, ca. 40 x 40 cm)

Einsatz/Handhabung
- Partner- und Gruppenarbeit
- Die Schlange der KV auf 141% vergrößern und mit kleinen Gegenständen belegen. Dabei aufzählen, was die Schlange alles frisst, z. B.: „einen Löffel, ein Messer …"

Variation 1 (s. Bild)
Unbestimmte Artikel üben
- In Partnerarbeit abwechselnd Dinge oder ausgeschnittene Bilder auf die KV 47 legen. Die Gegenstände mit Artikel aufsagen: „Die Schlange frisst *ein* Buch, *einen* Socken …"
- Der Lehrer schreibt auf der Tafel die Wörter vor. Die Kinder lesen und notieren sie mit.

Variation 2
Bestimmte Artikel üben
- Die Schlange ist mit Gegenständen belegt. Aufzählen, was im Bauch der Schlange ist: „*das* Buch, *die* Feder, *der* Knopf …"
- Dabei die Gegenstände aus dem Bauch der Schlange nehmen. Zuletzt darf neu belegt werden.

Variation 3
Dinge ertasten
- Ein Tuch wird über die Schlange gelegt. Die Gegenstände unter dem Tuch werden ertastet und benannt: „Das ist ein Fisch, eine Schere …"

☛ Tipp
- Indem die Gegenstände immer wieder ausgetauscht werden, wird der individuelle Wortschatz erweitert.

Groß- und Kleinschreibung — Materialien

Wortartenscheiben schnappen

Förderziele
- Wortarten (Nomen, Verben, Adjektive) wiederholen und unterscheiden lernen. Plural bilden.
- Treffende Formulierungen finden und merken.
- Reaktionsvermögen verbessern.

Material
- Lernfigur (hier: „Fehli", der Fehlerteufel)
- KV 48–50, S. 65–67
- 3 leere Dosen oder Gläser, 1 Schere
- 3 Buntstifte, z. B. Rot, Blau, Grün (s. Tipp rechts unten)

Einsatz/Handhabung
- Partner- und Gruppenarbeit
- Die Wortartenscheiben der KV 48–50, S. 65–67, kopieren, ausschneiden und nach Wortarten getrennt in den Dosen aufbewahren.
- Kartenscheiben offen auslegen und lesen. Ein Kind gibt an, welche Wörter schnell geschnappt werden sollen, z. B. „alle Namenwörter!". Die Kinder schnappen sich die betreffenden Kartenscheiben und begründen ihre Auswahl (Großschreibung, kann ich sehen, anfassen, Begleiter finden …).
- Sätze zu den Wörtern bilden, Wörter mit Artikel und/oder formulierte Sätze aufschreiben.
- Mit der nächsten Wortart analog verfahren.
- Fortführung, bis alle drei Wortarten ausgewählt wurden. Wortartenscheiben wieder in den Dosen aufbewahren. „Fehli" hilft beim Schreiben und gibt, wenn man ihn fragt, Hinweise und Tipps.

Variation 1 (s. Bild)
Wortartenscheiben färben
- Jedes Kind erhält die KV 48–50, S. 65–67, als Kopie. Die Scheiben werden je nach Wortart in drei verschiedenen Farben ausgemalt (s. Tipp rechts unten).
- Zuletzt werden die entstandenen Farbmuster der KV miteinander verglichen.

Variation 2 (s. Bild)
„Wie viele?"
- Steigerung der Schwierigkeit: Die ausgeschnittenen Wortartenscheiben sind auf dem Tisch ausgelegt. Kind gibt an: „Jeder schnappt sich zwei Namenwörter und drei Wiewörter …"
- Vergleichen, kontrollieren, Sätze bilden und aufschreiben. Verben durch Nachahmen der Bewegung darstellen (und raten) lassen.

Wortartenkisten einräumen

Förderziele
- Die Unterscheidung von Nomen, Adjektiven und Verben nachhaltig sichern.
- Lateinische Bezeichnungen der Wortarten lernen und charakteristische Merkmale nennen und begründen.
- Artikelbildung für Nomen nochmals verdeutlichen.
- Sinngehalt sprachlich wiedergeben.

Material
- 3 flache Schachteln, z. B. Schuhkartondeckel
- ca. 30–40 Kartonkarten, ca. 10 x 3 cm
- Schere
- Filzstift, Bleistift
- KV 51–52, S. 68–69

Einsatz/Handhabung
- Partner- und Gruppenarbeit
- Jeweils ein Schachteldeckel (= Wörterkiste) wird mit dem Namen einer Wortart beschriftet: Nomen (Namenwörter), Verben (Tunwörter), Adjektive (Wiewörter). Der Deckelboden wird in den Symbolfarben für die Wortarten bemalt (s. Tipp).
- Wortkarten mit Nomen (ohne Artikel), Verben und Adjektiven in Großantiqua beschriften oder drucken.
- Die Wortkarten auslegen und lesen. Wortbedeutung klären, ggf. Sätze bilden. Wörter nach Wortart in die entsprechende Wörterkiste einräumen. Wahl begründen. Zur Sicherung: KV 51–52, S. 68–69, bearbeiten.

Variation 1 (s. Bild)
„Falsche Wörter"
- Einige Wortartenkarten falsch in die Schachteln einräumen. Die Kinder lesen die Wörter und sortieren richtig ein. Wörter lesen, schreiben, diktieren lassen.

Variation 2
Wortartensechseck
- Lernspiel der KV 53, S. 70, wie beschrieben durchführen.

☞ Tipp
- Die Verwendung bestimmter Farben zur Kennzeichnung der Wortarten ist von Schule zu Schule verschieden. Verwenden Sie die Farben, nach denen Ihr Kind zu arbeiten gewohnt ist.

Dehnung mit h — Materialien

Mein Kartenspiel

Förderziele
- Erkennen, dass vor einem Dehnungs-h meist ein lang gesprochener Vokal oder Umlaut steht.
- Orthografische Merkstellen erarbeiten und diese im Gedächtnis speichern.
- Spracharbeit praktizieren und Wortschatz erweitern.
- Silbensegmentierend sprechen; klare Artikulation trainieren. Wörter mit gleicher Besonderheit beachten, darauf hinweisen und einprägen.
- Weitere Artikel lernen und Wortarten bestimmen.

Material
- Karten eines Kartenspiels
- KV 54–57, S. 71–74
- ca. 15 cm langes, an beiden Enden verknotetes Hosengummistück
- Schere, Kleber
- Buntstifte, Block

Einsatz/Handhabung
- Einzel-, Partner- und Gruppenarbeit
- Wortangebot der KV 54–57, S. 71–74, lesen, begrifflich klären. Unterstrichene Merkstellen beachten.
- KV 54–57, S. 71–74, kopieren und Wortkarten an den gestrichelten Linien ausschneiden.
- Spielkarten in der Mitte halbieren. Je eine Wortkartenhälfte auf die Rückseite einer halbierten Spielkarte kleben. Karten mischen und zu korrekten Wörtern wieder zusammenlegen. Wörter silbenrhythmisch lesen und aufschreiben. Dehnung symbolisch mit Gummilitze veranschaulichen. Sinnvolle Sätze bilden.

Variation (s. Bild)
- Spielkarten nach Art der Dehnung (ah, oh, eh …) sortieren, betont lesen, aufschreiben und/oder dem Partner diktieren. Dehnung farbig kennzeichnen. Wort für Wort gleichzeitig sprechen und mit dem Gummiband die Wortdehnung motorisch nachahmen.

Kontrolle
- Durch Umdrehen beider Spielkartenhälften.

☞ Tipp
- Statt Spielkarten können Postkarten mit kindgemäßen Motiven verwendet werden.

Schwerer Wörtertransporter

Förderziele
- Lückenwörter mit orthografischen Besonderheiten ergänzen, dabei Lautqualitäten bewusst beachten.
- Wortdehnung motorisch verdeutlichen.
- Wortsemantik erkennen, erklären und sinnvolle Sätze aus dem Wörterangebot bilden.
- Textverständnis üben und sinnerfassend arbeiten.

Material
- KV 58–60, S. 75–77
- wasserlöslicher Folienstift, Bleistift
- beschriftete kleine ovale Kärtchen mit „äh", „ah", „üh", „oh", „eh" und „uh"
- ca. 15 cm langes Stück Gummilitze

Einsatz/Handhabung (s. Bild)
- KV 58, S. 75, auf 141 % vergrößern, laminieren.
- Bild betrachten und erzählen. Sinnvolle Lückenwörter im Laster durch Einsetzübungen mit den selbst beschrifteten Kärtchen finden und zeigen.
- Wortdehnung mit Gummi motorisch nachvollziehen, gleichzeitig betont und artikuliert sprechen. Mit wasserlöslichem Folienstift Buchstaben in Lücken einsetzen.

Variation
Lückentext und versteckte Wörter
- KV 59, S. 76, bearbeiten. Sinnvolle Wörter entdecken, Sätze (vor)lesen, orthografische Besonderheiten markieren, aufschreiben.
- Wortarten und deren Schreibweise benennen und erklären.
- Wörter beim Notieren innerlich mitsprechen, dabei ein Gefühl für die Segmentierung erlangen, synchrones Sprechschreiben praktizieren.
- Zur Sicherung KV 60, S. 77, bearbeiten.

Kontrolle
- Partner, KV

☞ Tipp
- Die Wortdehnung mit dem Gummiband (sprech)motorisch darstellen. Durch rhythmisch-silbierendes Schwingen und Schreiten im Großraum wird die Wortdehnung auch grobmotorisch verdeutlicht (z. B. Methode nach Reuter-Liehr).

Konsonantenverdopplung — Materialien

Wörterkreisel/Lupenwörter

Förderziele
- Orthografische Regelelemente beachten und einprägen. Wesentliches hervorheben.
- Erkennen, dass nach einem kurz gesprochenen Vokal ein Doppelkonsonant folgt. Dies im orthografischen Gedächtnis dauerhaft speichern.
- Rhythmisch syllabieren und dadurch die Worttrennung ganzkörperlich erfahren.
- Weitere Artikel lernen und einprägen.

Material
- KV 61–69, S. 78–86
- Stück Kartonpapier für den Kreisel (s. KV 61)
- 1 Holzstäbchen (z. B. Schaschlikspieß, Mikadostab)
- Schere, Stift
- 1 Lupe
- 1 leere Streichholzschachtel
- Wörterbuch

Einsatz/Handhabung (s. Bild)
- Den Wörterkreisel von KV 61, S. 78, ausschneiden und auf Kartonpapier kleben. Holzstäbchen durch die Mitte stecken. Der achteckige Kreisel zeigt durch Drehen am Holzstäbchen einen Doppelkonsonanten an. „Joker": Kind benennt zu jedem Doppelkonsonanten auf dem Kreisel ein passendes Wort.
- Bild- und Wortkarten von KV 62–67, S. 79–84, doppelseitig kopieren, laminieren und ausschneiden.
- Nach Anzeige des Doppelkonsonanten durch den Wörterkreisel eine vorher vereinbarte Anzahl von Karten zuordnen. Abbildungen benennen, begrifflich klären, Karte umdrehen und zur Kontrolle Wörter im Silbenrhythmus (vor)lesen; Plural bilden.
- Wörter der Karten in die Wörterlisten der KV 68–69, S. 85–86, eintragen. Sätze formulieren. Sich die Wörter oder einen Teil davon diktieren lassen.
- Weitere Wörter suchen (z. B. im Wörterbuch) und diese notieren. Doppelkonsonanten farbig markieren.

Variation (s. Bild)
Lupenwörter
- Lupenwörter der KV 61, S. 78, mit der Lupe genau betrachten, lesen, auch in großer und kleiner Schrift aufschreiben. Merkstellen markieren.
- Kärtchen ausschneiden und in einer Streichholzschachtel aufbewahren. Spiel wiederholen.
- Partner diktieren sich gegenseitig die Lupenwörter. Mit der Lupe wird genau kontrolliert.

Reimwörterdrachen/Dreieckpuzzle

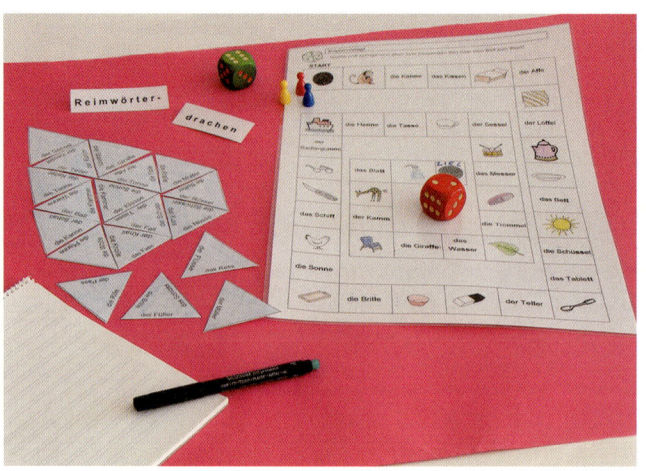

Förderziele
- Gelernte Strategien festigen und mit erweitertem Wortschatz ausbauen und weiterentwickeln.
- Doppelkonsonanz in Schreibsilben sprechen und schreiben, dabei Merkstellen bei der Wortsegmentierung bewusst wahrnehmen.

Material
- KV 70–74, S. 87–91
- Schere, Stift, Block
- 1 Würfel, Spielfiguren nach Anzahl der Mitspieler

Einsatz/Handhabung
Reimwörterdrachen (s. Bild)
- KV 70, S. 87, auf Karton kopieren. Reimwörter lesen. Die 18 Dreiecke ausschneiden, mischen, Reimpaare finden und gegenüber anordnen. Es entsteht wieder ein Drachen.
- Reimpaare aufschreiben und Sätze bilden. Doppelte Konsonanten farbig kennzeichnen.

Variation 1
Dreieckpuzzle
- KV 71, S. 88, auf Karton kopieren und Wörter lesen. Die neun Dreiecke ausschneiden, mischen und die verwandten Wörter gegenüber anordnen.
- Wortpaare aufschreiben oder diktieren lassen. Mitlautdopplung farbig kennzeichnen.
- Leere KV 72, S. 89, zum Üben analoger Wörter verwenden (s. Tipp).
- Lückentext KV 73, S. 90, lesen und wie beschrieben bearbeiten. Sinn durch wiederholtes eigenständiges Lesen und Vorlesen auf Richtigkeit überprüfen.

Variation 2 (s. Bild)
Vor und zurück auf dem Spielplan
- KV 74, S. 91, ggf. auf 141 % vergrößern. Durchführung wie auf KV beschrieben. Nach dem Spiel die Wörter auch im Plural notieren.

Kontrolle
- KV, Partner, immanent

☞ Tipp
- Blankovorlage KV 72, S. 89, zuerst laminieren, dann mit wasserlöslichem Folienstift beschriften. So ist die KV für analoge Aufgabenstellungen immer wieder verwendbar.
- Legepuzzles sind über den VLS-Verlag erhältlich.

Wortfamilien — Materialien

Wortfamiliensterne legen

Förderziele
- Einblick in die Struktur von Wortfamilien gewinnen und als Rechtschreibbesonderheit beachten.
- Wortstamm in Wörtern erkennen und ableiten können, dadurch Rechtschreibsicherheit gewinnen.
- Sinnvolle Sätze mit den Wörtern bilden.
- Weitere Wortfamilien finden und notieren.
- Artikel der Nomen auch im Plural lernen und einprägen.
- Im Wörterbuch nachschlagen üben.

Material
- KV 75–80, S. 92–97
- Wörterbuch
- Schere
- 1 Sanduhr (s. Tipp)

Einsatz/Handhabung (s. Bild)
- Einzel-, Partner- und Gruppenarbeit
- Die Wörtersterne KV 75–78, S. 92–95, laminieren und ausschneiden.
- Wörter der Wortfamilien lesen, den Wortstamm erkennen und nennen. Wörter dem jeweiligen Grundverb (Sternmitte) zuordnen und aufschreiben.
- Zu jedem Wort einer Familie einen Satz bilden.
- Weitere Wörter im Wörterbuch finden, aufschreiben und üben, z. B. so lange, bis die Sanduhr abgelaufen ist. Sich ebenso lang die Wörter diktieren lassen.

Variation
- Die Wörter verschiedener Wortfamilien liegen verdeckt auf dem Tisch. Das Grundverb (Kreis) liegt offen da. Ein Kartenteil wird genommen, vorgelesen und dem Grundverb zugeordnet. Aus dem Gedächtnis werden Wörter genannt, die zur Wortfamilie gehören.
- Die Wörter auf KV 79–80, S. 96–97, aufschreiben.

Kontrolle
- Eigenkontrolle, Partner, Lehrer, KV

☞ Tipp
- Sternformen aus Kartonpapier mit Wortfamilienwörtern beschriften, notieren, sich diktieren lassen.
- Sanduhren erhältlich bei der „Flohkiste", München.

Wortfamiliensalat

Förderziele
- S. linke Spalte.
- Weitere Wortfamilien kennenlernen, lesen und schreiben. Nachhaltige Sicherheit in der Sprach- und Ausdrucksfähigkeit anstreben und weiter ausbauen.

Material
- KV 81, S. 98
- Schere
- Stift, Block
- ca. 20 kleine Klammern
- Kleber

Einsatz/Handhabung
- Einzel-, Partner- und Gruppenarbeit.
- Die Wortkarten der KV 81, S. 98, kopieren, laminieren und zuletzt an den gestrichelten Linien ausschneiden.
- Kartenteile mischen, schnell wieder zusammenlegen und Wörter nach Wortfamilien ordnen. Karte für Karte vorlesen, aufschreiben und überprüfen.
- Wortstämme der notierten Wörter farbig kennzeichnen.

Variation 1 (s. Bild)
Halbe Wörter raten und zusammenklammern
- Die ausgeschnittenen und laminierten Wortkartenteile der KV 81, S. 98, auf dem Tisch verdeckt auslegen. Jedes Kind nimmt ein halbes Kartenteil. Es wird geraten, um welches Wort es sich handeln könnte. Wer hat die fehlende Kartenhälfte? Kartenpaare zusammenklammern, lesen und notieren (s. Tipp).

Variation 2
Memory® mit halben Wörtern
- Die halben Wörter der KV 81, S. 98, liegen verdeckt und geordnet auf dem Tisch. Es werden immer zwei Kartenhälften aufgedeckt. Wer hat am Schluss die meisten Wörter? Hat jemand alle vier Wörter, die zu einer Wortfamilie gehören? Weitere Wörter finden. Notieren oder/und sich diktieren lassen.

☞ Tipp
- Nach Beendigung des Lernspiels Kartenteile auf einem Blatt Papier aufkleben.

St/Str und Sp/Spr am Wortanfang — Materialien

Drehscheiben drehen

Förderziele
- Nachdenkwörter: Regelgeleitete Strategien kennenlernen und anwenden. Sich dabei der Abweichung von Schriftsprache und Alltagssprache bei St-, Str-, Sp- und Spr-Wörtern bewusst werden. Durch entsprechende Gegenstände (Silbenanfang) nachhaltig verdeutlichen.
- Spracharbeit: Sinngehalt sprachlich wiedergeben.
- Verbesserung der Hörwahrnehmung erreichen.
- Orthografische Merkstellen farbig markieren.
- Nomen in den Plural setzen, Orientierung im Wörterbuch üben, Wortschatz erweitern.

Material
- 14 Bögen (verschieden)farbiges Tonpapier für 7 Deckplatten und 7 Drehscheiben mit Wörtern (5) und Bildern (2)
- KV 82–89, S. 99–106
- Wörterbuch
- Schere
- Block
- Stift
- 7 Musterbeutelklammern
- Gegenstände mit St, Str, Sp, Spr am Silbenanfang

Einsatz/Handhabung (s. Bild)
- Einzel-, Partner- und Gruppenarbeit
- Die Drehscheibe mit Sichtfenster (KV 82, S. 99) als Schablone verwenden. Auf Tonpapier kopieren und ausschneiden. Ebenso die Drehscheiben mit Wörtern (KV 83–87, S. 100–104) und Bildern (KV 88–89, S. 105–106) auf farbiges Tonpapier kopieren und ausschneiden.
- Jeweils eine Deckplatte und eine Drehscheibe mit Musterbeutelklammer fixieren.
- Deckplattenscheibe Segment für Segment drehen, Wort für Wort lesen, aufschreiben und kontrollieren.
- Satz zum jeweiligen Wort bilden.
- Weitere Wörter im Wörterbuch suchen und schreiben. Sich gegenseitig Wörter vorlesen und diktieren.

Variation
- Drehscheibe (KV 88–89, S. 105–106) drehen, Bild mit Begleiter nennen und auf Block schreiben. Merkstellen farbig markieren.
- Bilder raten: Ein Bild beschreiben, Partner nennt gemeintes Wort. Ist es richtig, darf dieser eine Rätselfrage stellen.

Zerschnittene Drehscheiben

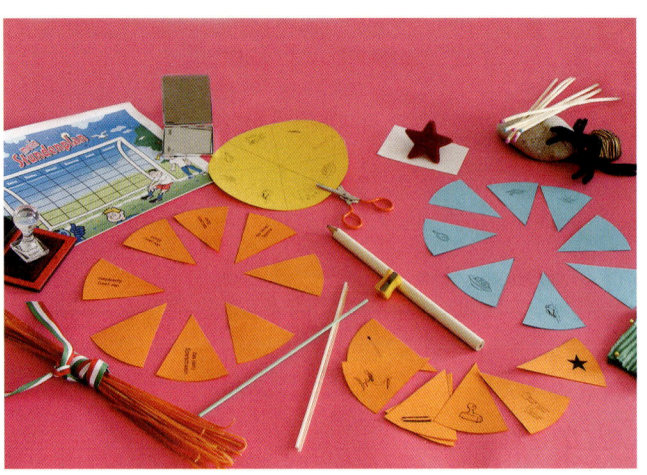

Förderziele
- Mit Gegenständen, Bildern und Wörtern die rechtschriftliche Besonderheit von Laut- und Buchstabenfolge am Silbenanfang verdeutlichen.
- Die veränderte Sprech- und Schreibweise von St-, Str-, Sp- und Spr-Wörtern nochmals aufgreifen und thematisieren.
- Auditive Wahrnehmung verbessern und Artikulation differenziert wahrnehmen. Exakte Satzbildung anstreben, eigenen Sprachausdruck verbessern.

Material
- Gegenstände mit St, Str, Sp, Spr am Wortanfang
- Drehscheiben (Wörter und Bilder), KV 83–89, S. 100–106

Einsatz/Handhabung
- Einzel-, Partner- und Gruppenarbeit
- Eine oder mehrere Wörter- und/oder Bilder-Drehscheiben jeweils in ihre 8 Segmente schneiden. Die 8 Teile mischen, Bilder mit Artikel aufsagen, die Wörter lesen und notieren.

Variation 1
Lernspiel mit Wörter-Drehscheiben
- Die ausgeschnittenen Teile der Wörter-Drehscheiben verdeckt auflegen. Reihum zieht jedes Kind ein Kartenteil. Es liest das Wort mit Begleiter deutlich vor und bildet einen sinnvollen Satz. Kann es dies, darf das Kind die Karte behalten. Muss vom Lehrer korrigiert werden, wird das Kartensegment wieder verdeckt zurückgelegt. Korrigiert ein Lernpartner, darf dieser das Kartenteil behalten.
- Fortführung, bis keine Kartenteile mehr aufliegen.

Variation 2
Lernspiel mit Bilder-Drehscheiben
- Die ausgeschnittenen Teile der Bilder-Drehscheiben verdeckt auflegen, ein Teil ziehen, Bild benennen und einen Satz bilden. Kartenteile nach Konsonantenhäufung sortieren: Wie viele Karten hast du von jeder Sorte? Kartenteile ordnen, aufschreiben, diktieren.

Kontrolle
- Drehscheiben, Lernpartner, Lehrer

II.
Kopiervorlagen

Kopiervorlage 1 — Vokallängen wahrnehmen

Lustige Namen (1)

Sieh dir die Bilder gut an. Ich spreche dir der Reihe nach lustige Wörter vor. Welches Bild ist gemeint? Zeige auf das Bild oder lege eine Spielfigur darauf. Notiere jedes Wort und vergleiche.

das „Beet" (Bett)	der „Fiisch" (Fisch)	das „Schiif" (Schiff)
der „Kaam" (Kamm)	die „Rosse" (Rose)	das „Brott" (Brot)
der „Baal" (Ball)	der „Hutt" (Hut)	der „Bessen" (Besen)
der „Stull" (Stuhl)	die „Gabbel" (Gabel)	die „Taase" (Tasse)

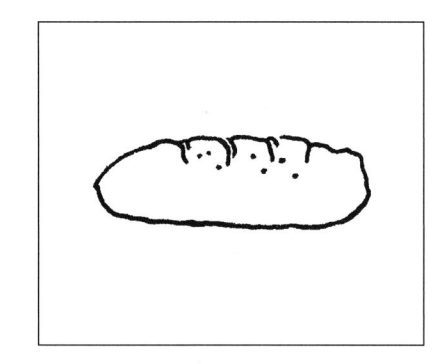

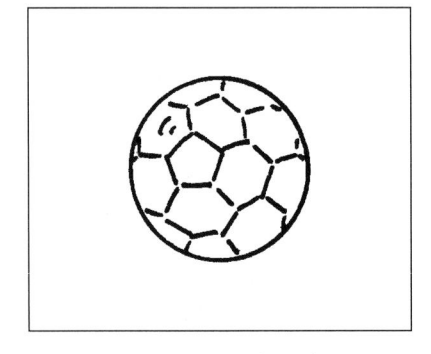

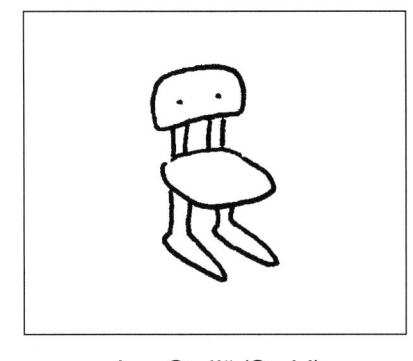

Kopiervorlage 2 — Vokallängen wahrnehmen

Lustige Namen (2)

Sieh dir die Bilder gut an. Ich spreche dir wieder lustige Wörter vor. Du weißt sicher gleich, welches gemeint ist und wie man es richtig ausspricht.
Zeige auf das Bild oder lege eine Spielfigur darauf. Notiere jedes Wort und vergleiche.

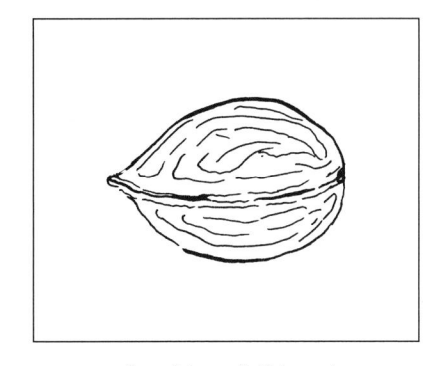

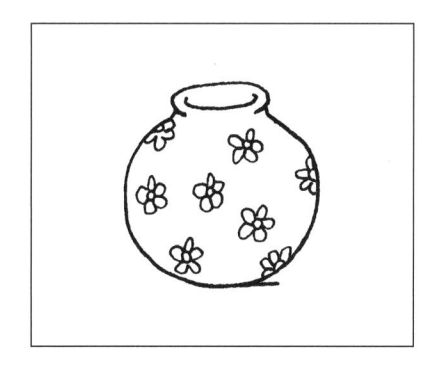

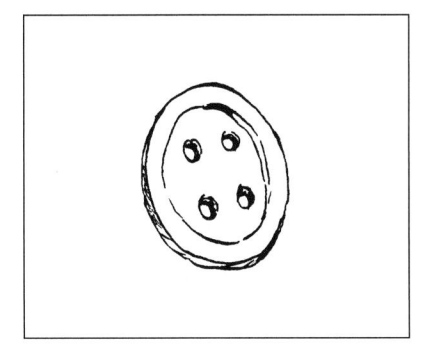

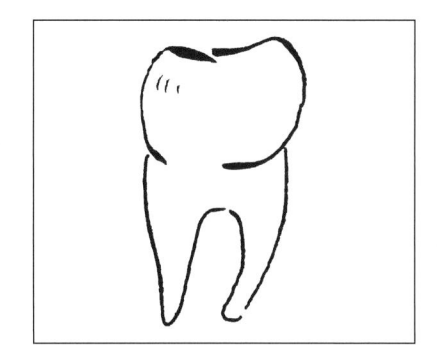

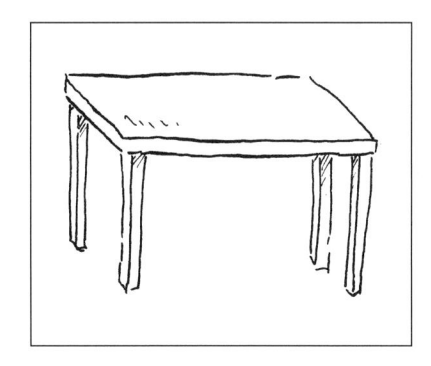

die „Kronne" (Krone)	die „Nuus" (Nuss)	die „Vasse" (Vase)
die „Blumme" (Blume)	der „Teeler" (Teller)	die „Puupe" (Puppe)
der „Knoopf" (Knopf)	der „Voggel" (Vogel)	der „Zann" (Zahn)
die „Dosse" (Dose)	der „Froosch" (Frosch)	der „Tiisch" (Tisch)

| Kopiervorlage 3 | Vokallängen wahrnehmen |

Welches ist das richtige Wort?

Lies jeden Satz genau, kreise das passende Wort ein und schreibe es in die Lücke. Achte auf Groß- und Kleinschreibung.

1. In der hohen Vase sind rote _____ (ROSEN   ROSSEN).

2. Die weiße _____ (ROSSE   ROSE) gefällt mir auch gut.

3. Der _____ (SCHALL   SCHAL) der Glocke ist weit zu hören.

4. Im Winter ist es sinnvoll, einen warmen _____ (SCHALL   SCHAL) zu tragen.

5. Peter _____ (FÜLLT   FÜHLT) die Gläser mit Limonade.

6. Selcan _____ (FÜHLT   FÜLLT) den kalten Wind im Gesicht.

7. Der Schüler muss viel _____ (WIESEN   WISSEN).

8. Auf den _____ (WISSEN   WIESEN) wachsen viele Blumen.

9. Der Hund schläft in der _____ (HÜTTE   HÜTE).

10. Im Schaufenster sind bunte _____ (HÜTE   HÜTTE) zu sehen.

11. Die Bären schlafen in der _____ (HÖLLE   HÖHLE).

12. Vater pflanzt Gemüse auf das _____ (BEET   BETT).

13. Der Maurer braucht täglich seine _____ (KELLE   KEHLE).

14. Das Bild hängt _____ (SCHIEF   SCHIFF) an der Wand.

15. Im _____ (OFFEN   OFEN) brutzelt ein knuspriger Braten.

Wenn du mit der Arbeit fertig bist, liest du die Sätze einem Freund und deinen Eltern vor. Achte dabei auf eine genaue Betonung!

Kopiervorlage 4 — Vokallängen wahrnehmen

Rätsel, Rätsel, Rätsel

Was ist gemeint?

1. Wenn es kalt ist, legst du ihn um deinen Hals: _____
2. Jeden Monat bezahlen meine Eltern für die Wohnung _____.
3. Ein anderer Name für ein Haus aus Holz: _____
4. Fische, die aussehen wie Schlangen, sind _____.
5. Er wärmt das Zimmer und man kann darauf kochen: _____
6. Ältere Damen und Herren tragen sie auf ihren Köpfen: _____
7. Wenn die Tür nicht zu ist, dann ist sie _____.
8. Ein sehr großer Mensch ist ein _____.
9. Ich kann darin schwimmen und große Schiffe fahren auf ihm: _____
10. Die Mauer hat viele _____.
11. Dort wo viele Abfälle herumliegen, leben diese Tiere: _____
12. Die Maschine ist aus hartem _____.
13. Der Bauer mistet ihn jeden Tag aus: _____
14. Darauf wird gepflanzt und geerntet: _____
15. Jeden Abend lege ich mich hinein: _____
16. Im Frühling beginnt das Gras auf den _____ zu wachsen.
17. Damit kann man auf dem Wasser fahren: _____
18. Die Bärenfamilie wohnt in einer dunklen _____.
19. Bei einer Prüfung muss man viel _____.
20. Die Musik erklingt in lautem _____.

Wenn du mit der Arbeit fertig bist, liest du die Sätze einem Freund und deinen Eltern vor. Achte dabei auf eine genaue Betonung!

Kopiervorlage 5   **Vokallängen wahrnehmen**

Bist du jetzt ganz sicher?

Lies Satz für Satz genau. Finde das passende Wort, kreise es ein und schreibe den vollständigen Satz darunter.

1. Heute feiern die Kinder den Geburtstag von Mali in einer _____ (HÜTE   HÜTTE).

2. Paul heizt den _____ (OFFEN   OFEN) tüchtig mit Holzscheiten ein.

3. Sari nimmt den großen Topf und _____ (FÜHLT   FÜLLT) ihn mit Wasser für den Tee.

4. _____ (AALE   ALLE) Kinder trinken gerne Kakao und holen sich Tassen aus dem Regal.

5. Draußen ertönt ein _____ (SCHAL   SCHALL): Die Großeltern singen aus voller _____ (KEHLE   KELLE) ein Geburtstagslied.

6. _____ (AALE   ALLE) freuen sich _____ (RIESIG   RISSIG) darüber, besonders Mali.

Kopiervorlage 6　　　　Wörter strukturieren

Silbenbögen für Wörter mit 1 bis 4 Silben

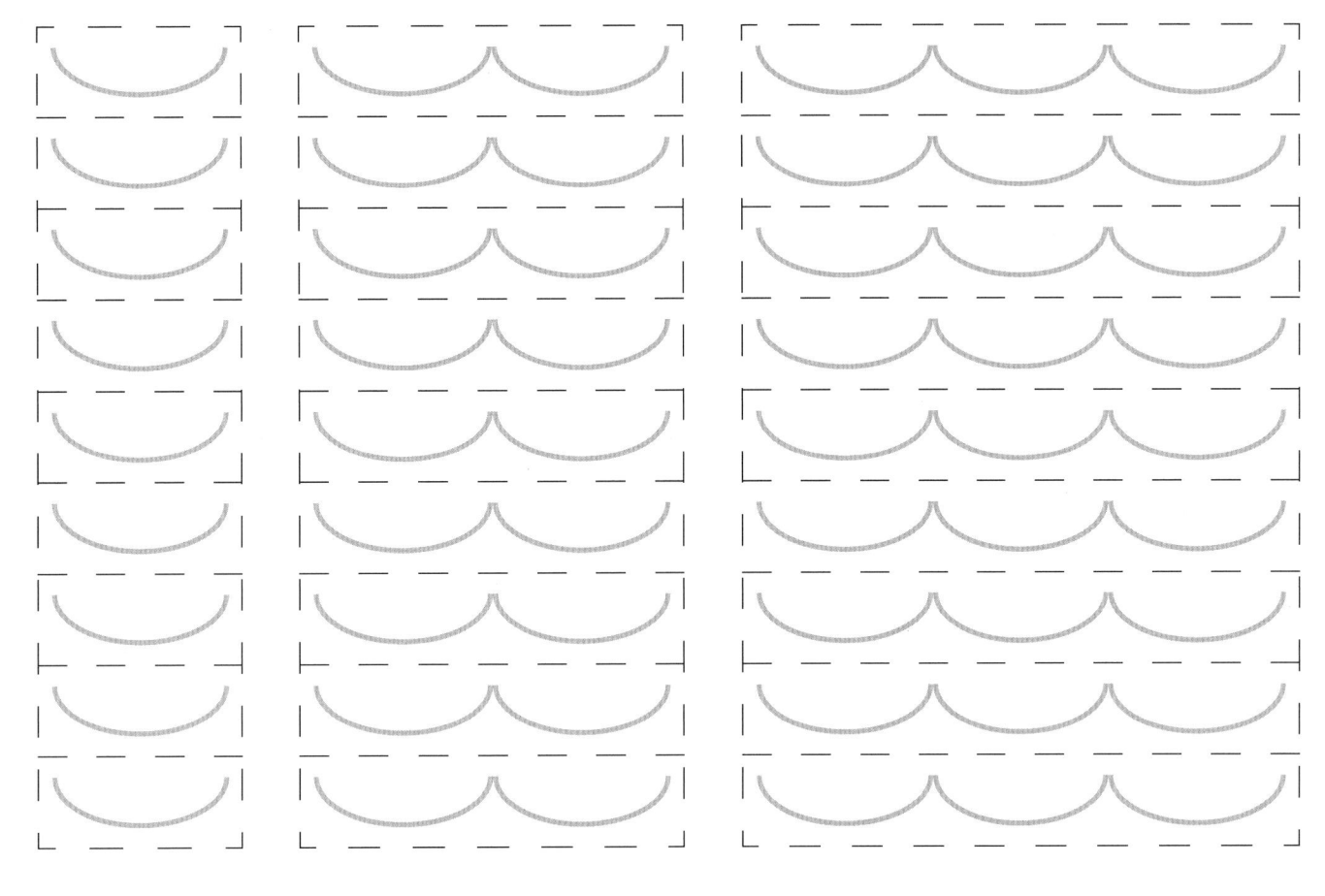

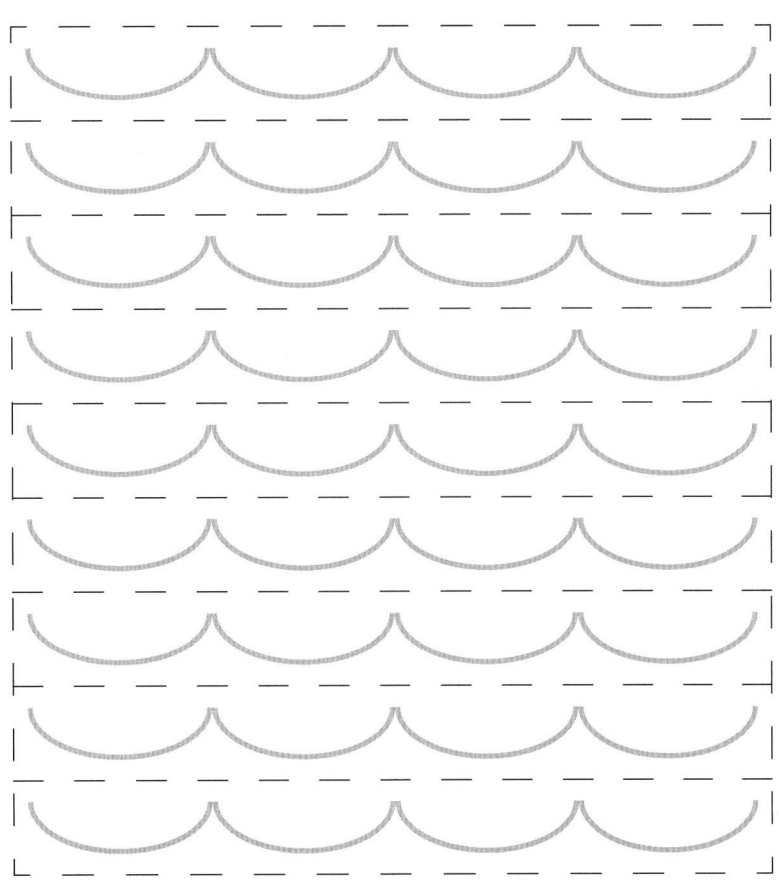

Kopiervorlage 7 Wörter strukturieren

Silbenbögen für Wörter mit 5 Silben

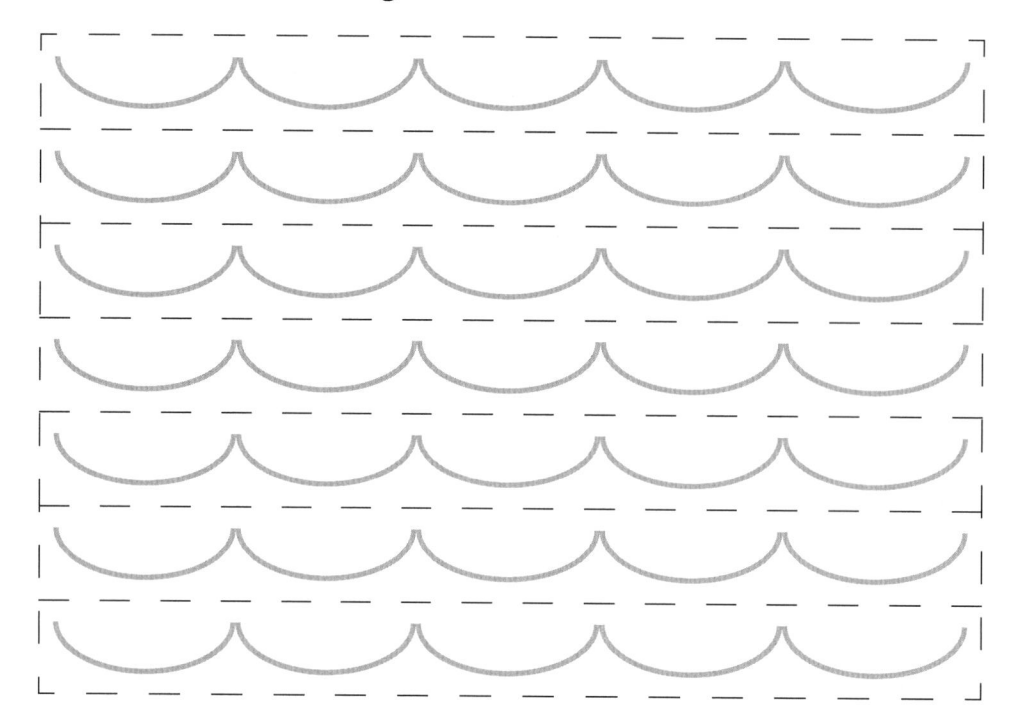

Silbenbögen für Wörter mit 6 Silben

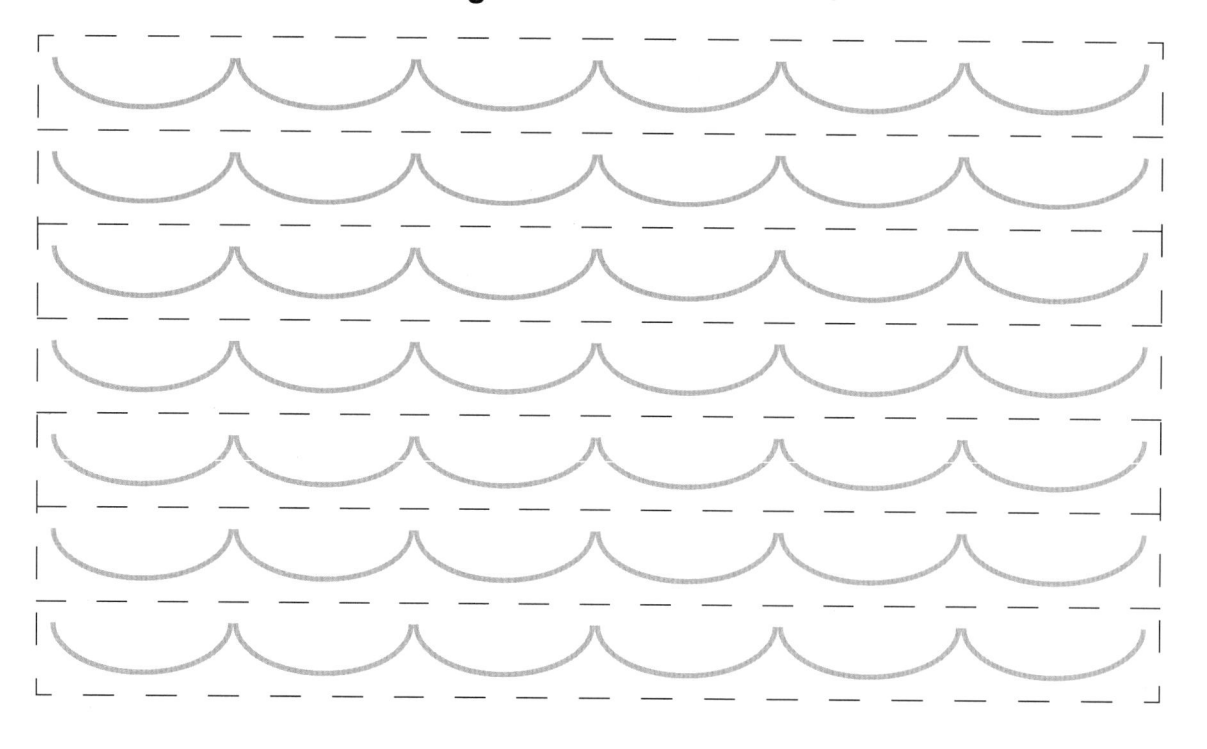

Schneide die Silbenbögen aus. Lege entsprechend der Silbenanzahl des Wortes den passenden Streifen auf den Tisch.
Spure die Silbenbögen mit dem Stift nach und sprich dabei das Wort.

Kopiervorlage 8 — Wörter strukturieren

Silben klatschen (1)

Sprich jedes Wort deutlich und klatsche nach Silben. Notiere die Anzahl der Silben im Kästchen.

die ☐   der ☐   die ☐   der ☐

der ☐   das ☐   der ☐

die ☐   der ☐   die ☐   die ☐   die ☐

der ☐   die ☐   der ☐   der ☐   die ☐

Kopiervorlage 9　　　　　　　　　　　　Wörter strukturieren

Silbenbögen malen (1)

Klatsche Wort für Wort nach Silben und spure die Silbenbögen unter jedes Bild.

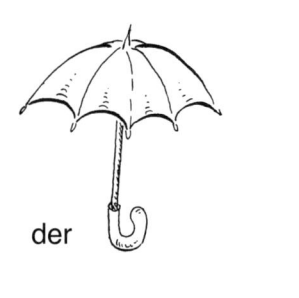

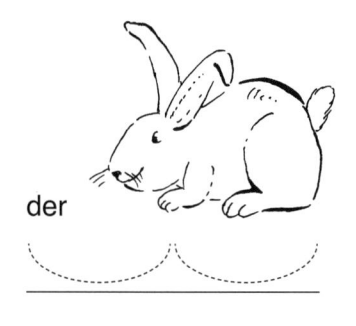

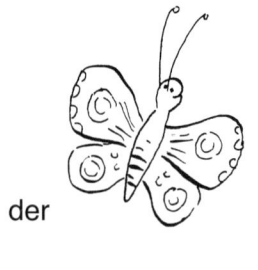

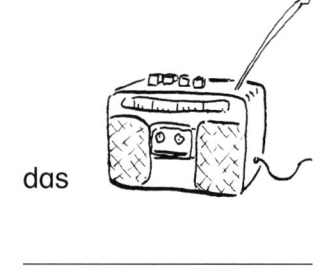

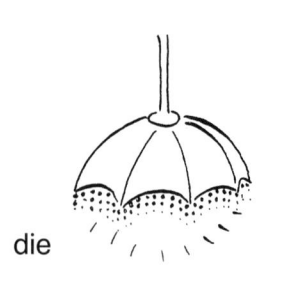

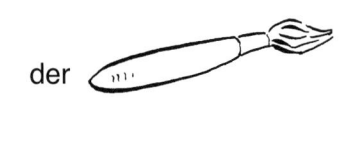

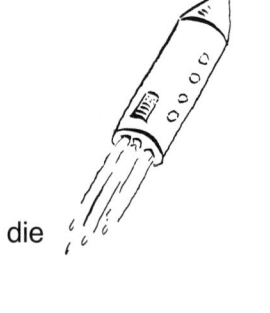

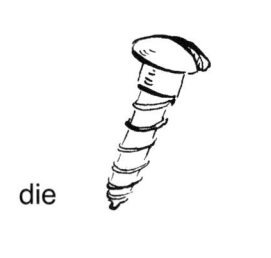

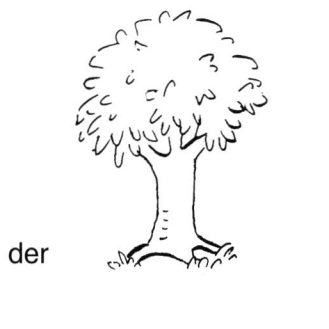

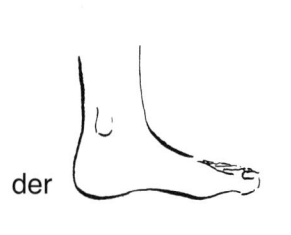

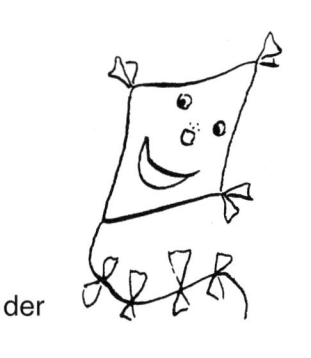

das

der　　　　　　　　　　　der

die　　　　der

der　　　　die　　　　　der

der　　　das

die　　　die

die　　　der　　　die　　　die

die　　　der　　　der　　　der

Kopiervorlage 10 — Wörter strukturieren

Silben klatschen (2)

Sprich jedes Wort deutlich und klatsche nach Silben. Notiere die Anzahl der Silben im Kästchen.

das ☐   das ☐   die ☐   das ☐   der ☐

der ☐   das ☐   der ☐   die ☐   das ☐

das ☐   der ☐   die ☐   die ☐

das ☐   der ☐   das ☐   der ☐   die ☐

die ☐   die ☐   der ☐   der ☐   die ☐

Kopiervorlage 11 Wörter strukturieren

Silbenbögen malen (2)

Klatsche Wort für Wort nach Silben und spure die Silbenbögen unter jedes Bild.

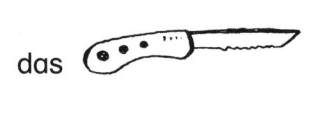

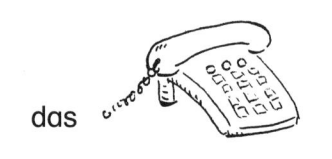

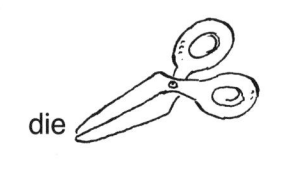

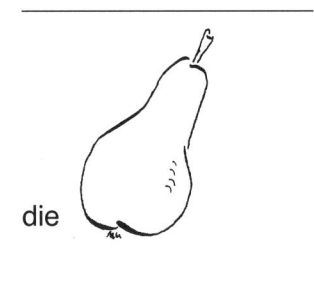

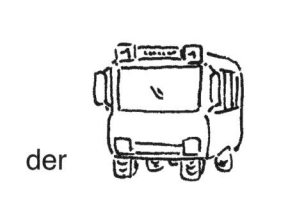

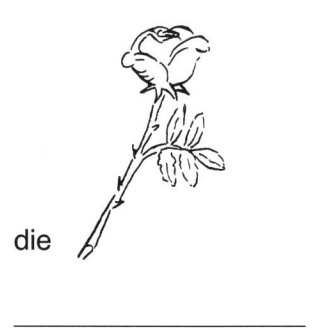

das (Haus)	das (Messer)	die (Kirschen)	der (Kaktus)
der (Käse)	die (Puppe)	das (Telefon)	das (Brot)
der (Hut)	der (Eimer)	die (Katze)	das (Auto)
das (Obst)	der (Schneemann)	die (Schere)	die (Gabel)
das (Schwein)	der (Besen)	das (Nest)	der (Roller)
die (Birne)	die (Tasche)	der (Lastwagen)	die (Rose)

28

Kopiervorlage 12 — Wörter strukturieren

Wörter in Silben zerlegen (1)

Sprich jedes Wort deutlich und mit Begleiter. Trage die Silbenbögen in das rechte Kästchen ein und schreibe den Begleiter neben das jeweilige Bild.

Lege zu jedem Wort den passenden Silbenbogen (KV 6–7, S. 23–24).

Kopiervorlage 13 — Wörter strukturieren

Wörter in Silben zerlegen (2)

Sprich jedes Wort deutlich und mit Begleiter. Trage die Silbenbögen in das rechte Kästchen ein und schreibe den Begleiter neben das jeweilige Bild.

Lege zu jedem Wort den passenden Silbenbogen (KV 6–7, S. 23–24).

Kopiervorlage 14   Wörter strukturieren

Wörter in Silben zerlegen (3)

Sprich jedes Wort deutlich und mit Begleiter. Trage die Silbenbögen in das rechte Kästchen ein und schreibe den Begleiter neben das jeweilige Bild.

Lege zu jedem Wort den passenden Silbenbogen (KV 6–7, S. 23–24).

Kopiervorlage 15 — Wörter strukturieren

Wie viele Silben sind es?

Sprich jedes Wort deutlich und klatsche nach Silben. Schreibe die Silbenanzahl in das Kästchen darunter.

Schokolade	Herz	Gießkanne	Nuss	Fisch	Vogel	Pilz
4						

Schneemann	Messer	Apfel	Baum	Regenschirm	Kerze	Zahn

Krokodil	Rose	Teddy	Frosch	Feder	Banane	Zitrone

Marienkäfer	Birne	Giraffe	Gabel	Blume	Schraube	Schmetterling

Erdbeere	Anker	Auto	Stern	Ball	Weintrauben	Würfel

Kopiervorlage 16 — Wörter strukturieren

Wörter richtig schreiben

Sprich Wort für Wort in der Silbensprache und lege den passenden Silbenbogen.
Decke dann Wort für Wort ab, schreibe es auswendig auf und kontrolliere.

das Kro ko dil

die Ro se

der Ted dy bär

der Frosch

das Blatt

die Ba na ne

die Zi tro ne

der Ma ri en kä fer

die Bir ne

die Gi raf fe

die Ga bel

die Blu me

die Schrau be

der Schmet ter ling

die Erd bee re

der An ker

das Au to

der Stern

der Ball

die Wein trau ben

der Wür fel

Kopiervorlage 17 — Wörter strukturieren

Wörterrätsel

Verbinde die Silben so miteinander, dass ein sinnvolles Nomen (Namenwort) entsteht.
Klatsche die Wörter im Silbenrhythmus und formuliere zu jedem Wort einen Satz.
Finde den richtigen Begleiter.

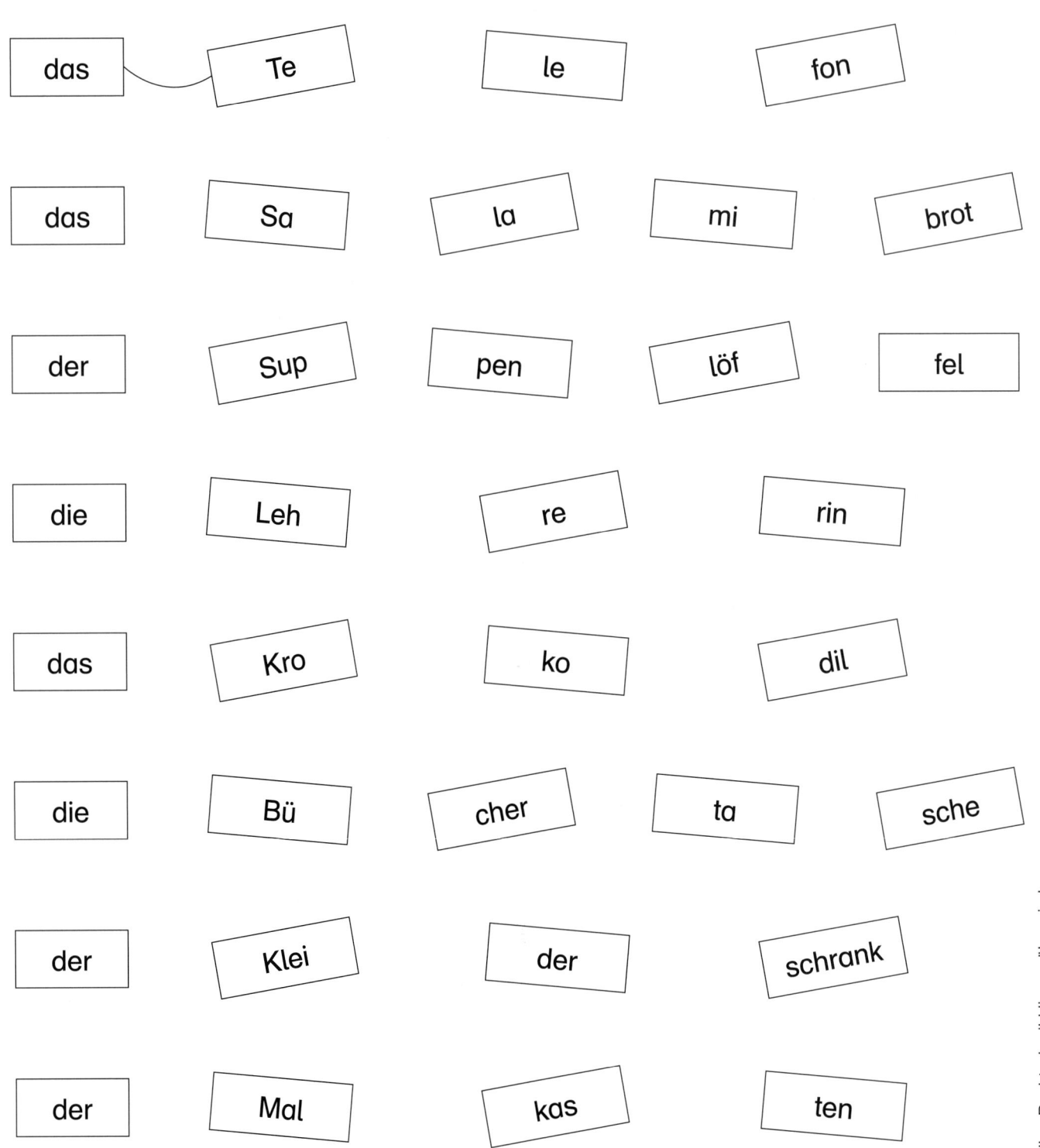

das	Te	le	fon	
das	Sa	la	mi	brot
der	Sup	pen	löf	fel
die	Leh	re	rin	
das	Kro	ko	dil	
die	Bü	cher	ta	sche
der	Klei	der	schrank	
der	Mal	kas	ten	

Schreibe die Wörter mit dem Begleiter auf.

Kopiervorlage 18　　　　　　　　　　　Wörter strukturieren

Noch schwierigere Wörterrätsel

Verbinde wieder die Silben zu Wörtern und schreibe den richtigen Begleiter in das leere Kästchen.

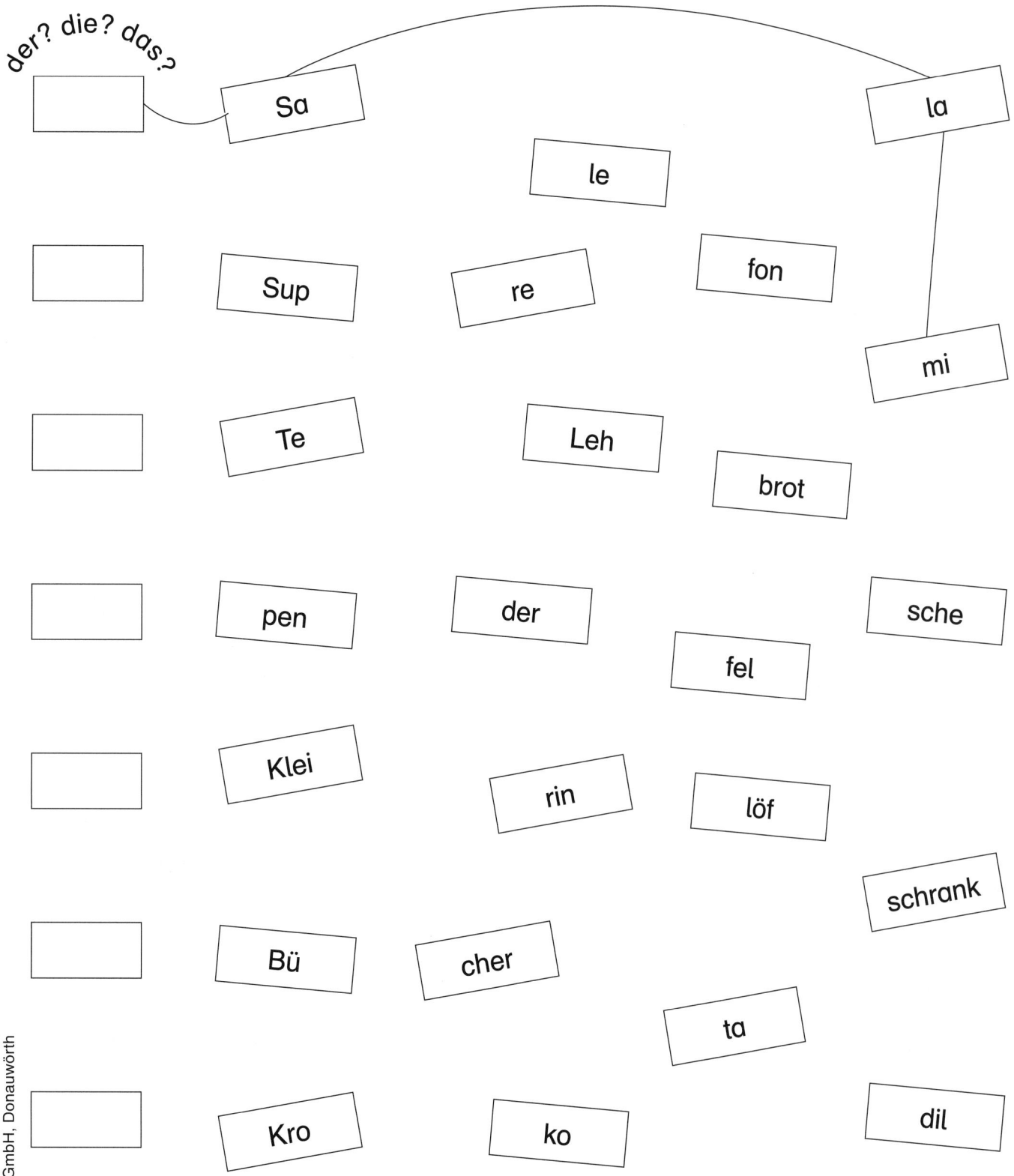

der? die? das?

	Sa		la
	Sup	re	fon
			mi
	Te	Leh	
			brot
	pen	der	sche
		fel	
	Klei	rin	löf
			schrank
	Bü	cher	
			ta
	Kro	ko	dil

Schreibe die Wörter mit dem Begleiter auf und lies sie vor.

Kopiervorlage 19 — Singular- und Pluralbildung

Mein Ein-und-viele-Haus

viel(e) …

ein(e) …

Ganser/Schüller: Rechtschreibklippen überwinden
© Auer Verlag GmbH, Donauwörth

Kopiervorlage 20 — Singular- und Pluralbildung

Bildkarten (1)

Das ist ein …   Das sind viele …

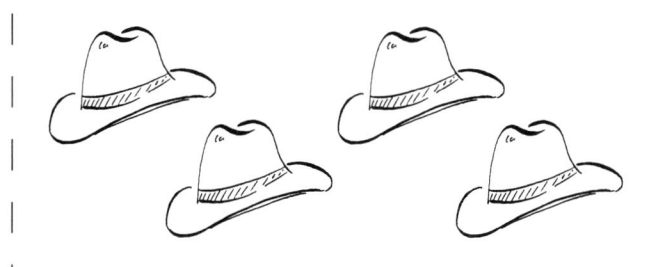

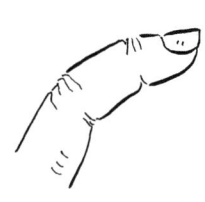

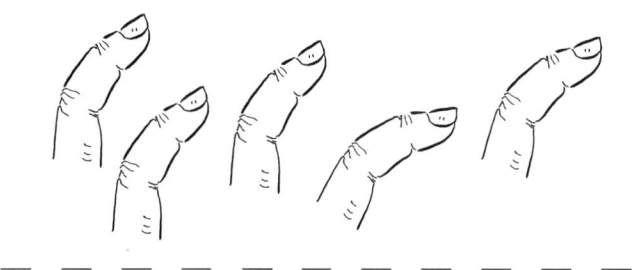

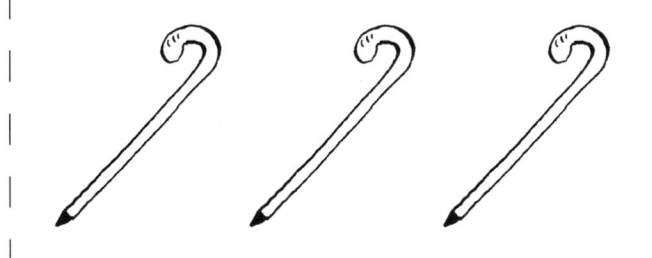

Kopiervorlage 21 — Singular- und Pluralbildung

Bildkarten (2)

Das ist eine … | Das sind viele …

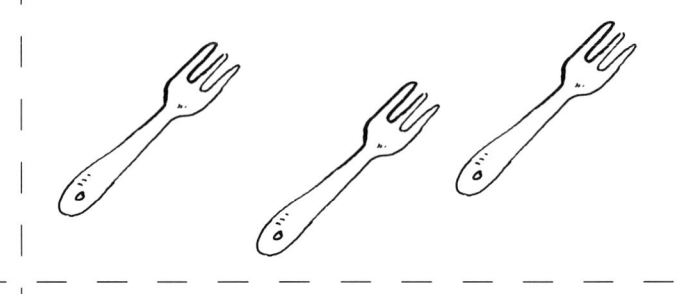

Kopiervorlage 22 — Singular- und Pluralbildung

Bild- und Wortkarten: Begleiter „der" (1)

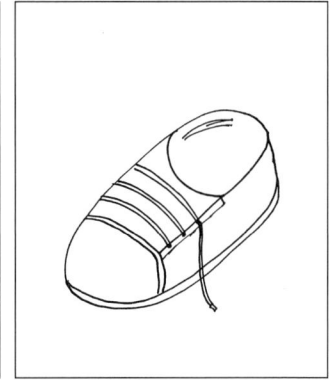

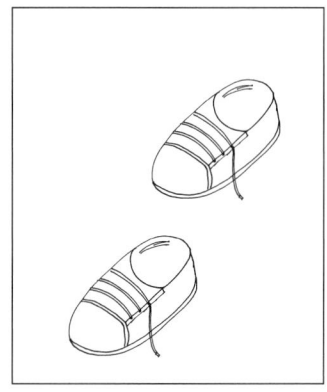

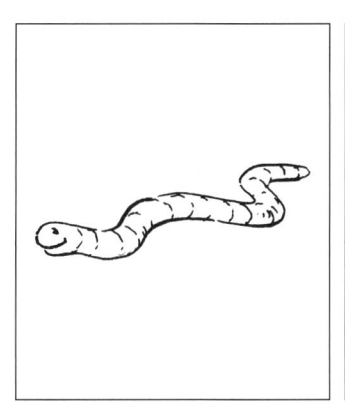

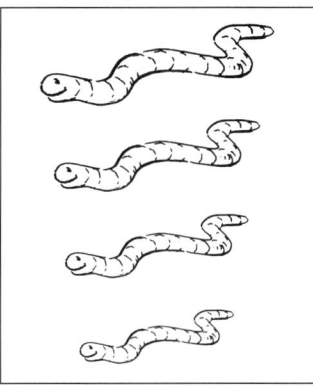

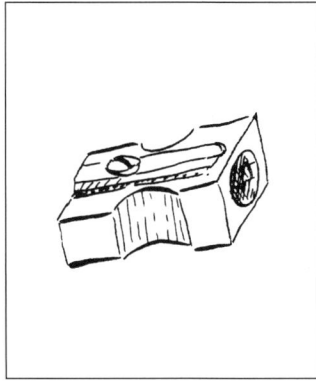

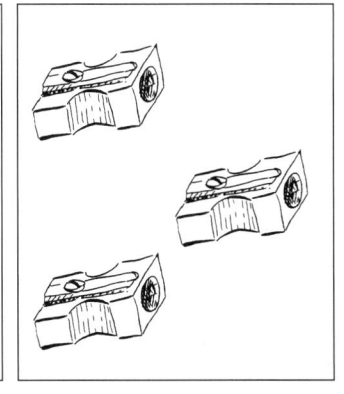

Wie verändert sich der Begleiter in der Mehrzahl?

Formuliere zu jedem Bild einen Satz.

Kopiervorlage 23   **Singular- und Pluralbildung**

Bild- und Wortkarten: Begleiter „der" (2)

Wie verändert sich der Begleiter in der Mehrzahl?

die Schuhe	**der** Schuh	**die** Sterne	**der** Stern
die Elefanten	**der** Elefant	**die** Regenwürmer	**der** Regenwurm
die Fische	**der** Fisch	**die** Frösche	**der** Frosch
die Schmetterlinge	**der** Schmetterling	**die** Spitzer	**der** Spitzer

Kopiervorlage 24

Singular- und Pluralbildung

Bild- und Wortkarten: Begleiter „die" (1)

Wie verändert sich der Begleiter in der Mehrzahl?

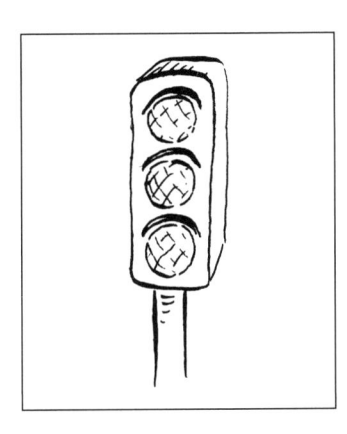

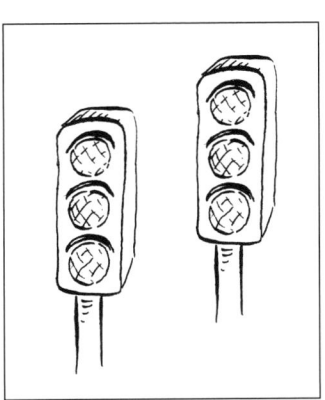

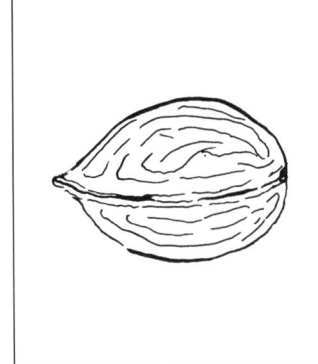

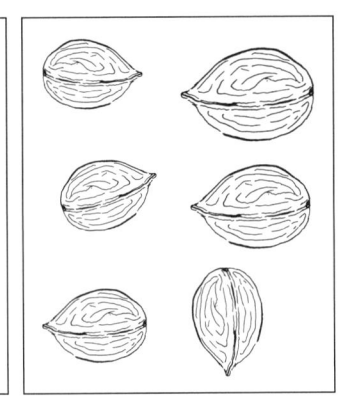

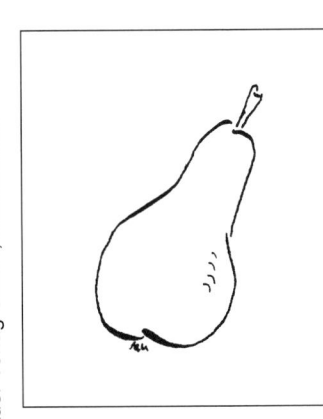

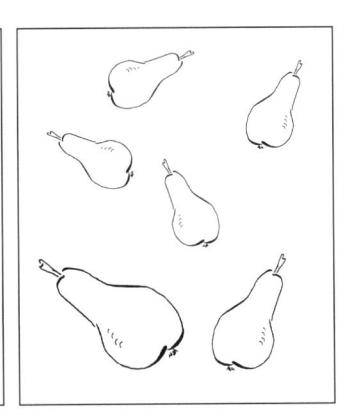

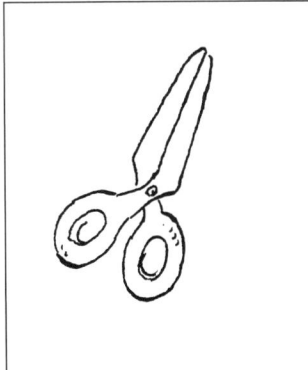

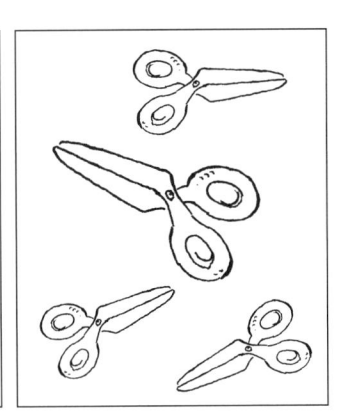

Formuliere zu jedem Bild einen Satz.

Kopiervorlage 25 — Singular- und Pluralbildung

Bild- und Wortkarten: Begleiter „die" (2)

Wie verändert sich der Begleiter in der Mehrzahl?

die Tafeln	**die** Tafel	**die** Eulen	**die** Eule
die Tomaten	**die** Tomate	**die** Ampeln	**die** Ampel
die Nüsse	**die** Nuss	**die** Tassen	**die** Tasse
die Scheren	**die** Schere	**die** Birnen	**die** Birne

Kopiervorlage 26 — Singular- und Pluralbildung

Bild- und Wortkarten: Begleiter „das" (1)

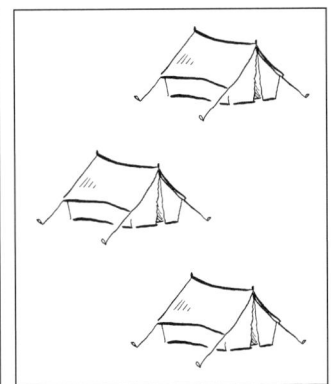

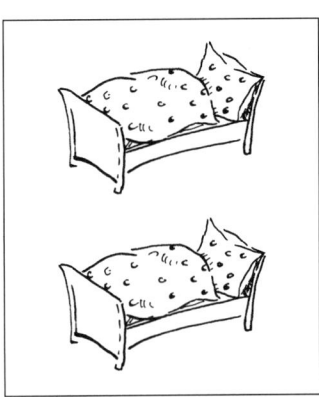

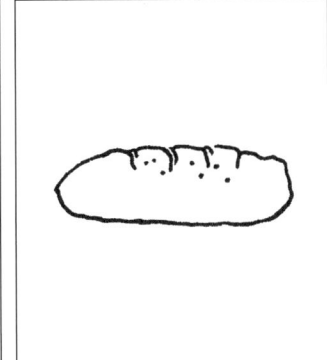

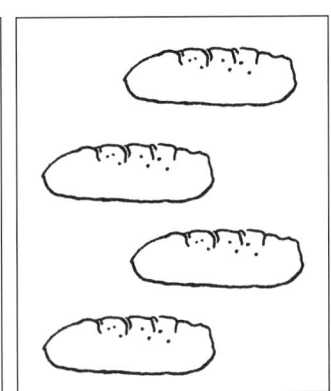

Wie verändert sich der Begleiter in der Mehrzahl?

Formuliere zu jedem Bild einen Satz.

Kopiervorlage 27 — Singular- und Pluralbildung

Bild- und Wortkarten: Begleiter „das" (2)

Wie verändert sich der Begleiter in der Mehrzahl?

die Zelte	**das** Zelt	**die** Blätter	**das** Blatt
die Brote	**das** Brot	**die** Betten	**das** Bett
die Schiffe	**das** Schiff	**die** Zebras	**das** Zebra
die Schweine	**das** Schwein	**die** Häuser	**das** Haus

Kopiervorlage 28 — Singular- und Pluralbildung

Bild- und Wortkarten: Begleiter „der", „die", „das" (1)

Verändert sich der Begleiter in der Mehrzahl?

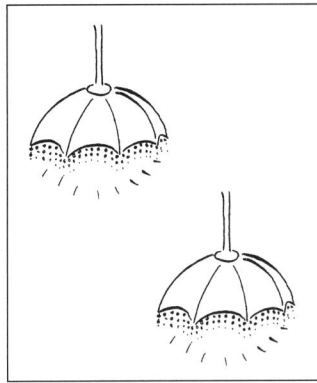

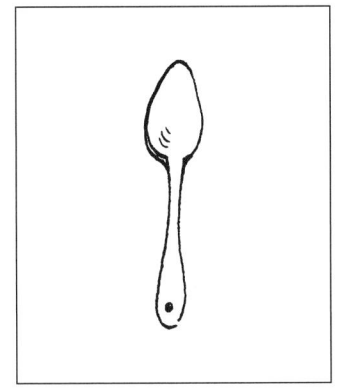

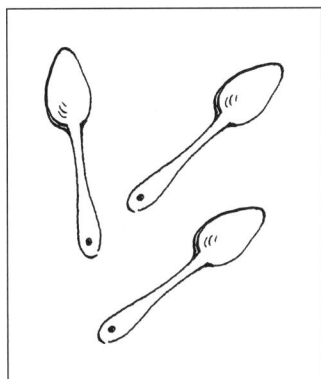

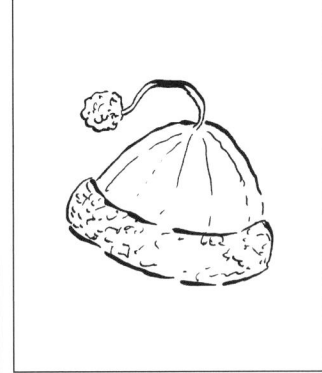

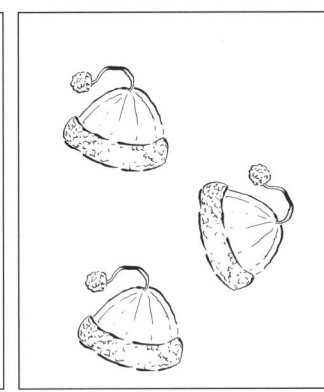

Formuliere zu jedem Bild einen Satz.
Sprich jedes Wort in der Einzahl und dann in der Mehrzahl.
Verändert sich der Begleiter immer?

Kopiervorlage 29 — Singular- und Pluralbildung

Bild- und Wortkarten: Begleiter „der", „die", „das" (2)

Verändert sich der Begleiter in der Mehrzahl?

die Giraffen	**die** Giraffe	**die** Autos	**das** Auto
die Würfel	**der** Würfel	**die** Lampen	**die** Lampe
die Mützen	**die** Mütze	**die** Löffel	**der** Löffel
die Hunde	**der** Hund	**die** Bücher	**das** Buch

Kopiervorlage 30

Singular- und Pluralbildung

Bild- und Wortkarten: Begleiter „der", „die", „das" (3)

Verändert sich der Begleiter in der Mehrzahl?

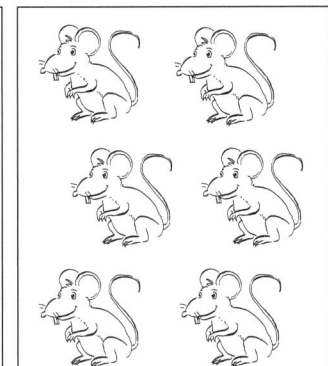

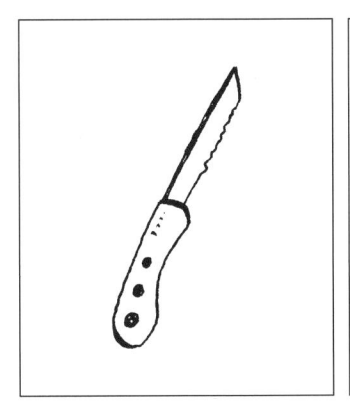

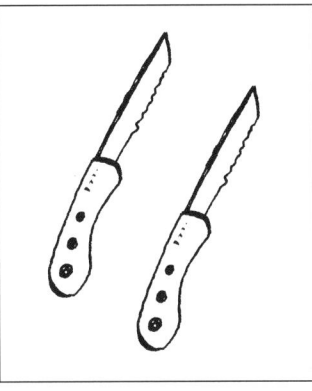

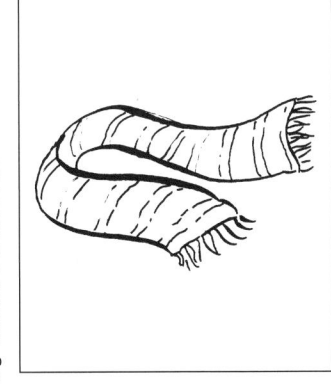

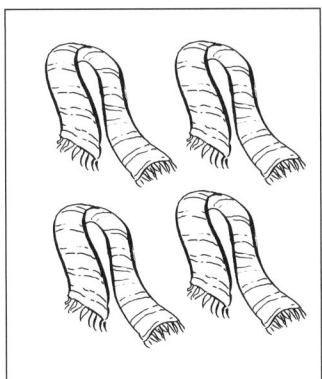

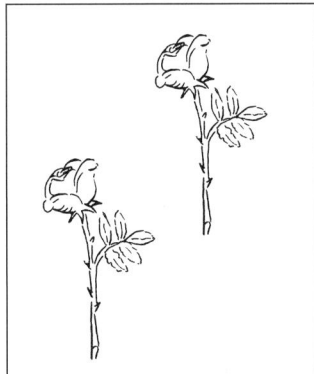

Formuliere zu jedem Bild einen Satz.
Sprich jedes Wort in der Einzahl und dann in der Mehrzahl.
Verändert sich der Begleiter immer?

Kopiervorlage 31 **Singular- und Pluralbildung**

Bild- und Wortkarten: Begleiter „der", „die", „das" (4)

Verändert sich der Begleiter in der Mehrzahl?

die Mäuse	**die** Maus	**die** Äpfel	**der** Apfel
die Motorräder	**das** Motorrad	**die** Kerzen	**die** Kerze
die Löwen	**der** Löwe	**die** Messer	**das** Messer
die Rosen	**die** Rose	**die** Schals	**der** Schal

Kopiervorlage 32 — Singular- und Pluralbildung

Der passende Begleiter

Lies Satz für Satz und schreibe den passenden Begleiter dazu.

_____ blaue Eimer ist voll Wasser.

_____ Flugzeug startet gerade.

_____ Löffel liegt neben dem Teller.

_____ schwere Gießkanne kann ich nicht heben.

DER?

_____ neue Ball ist bunt.

_____ Schwein grunzt im Stall.

_____ Stern leuchtet hell am Himmel.

_____ Ameise kriecht am Boden.

DIE?

_____ Gabel steckt im Fleisch.

_____ Eichhörnchen springt von Baum zu Baum.

_____ Lampe hängt an der Decke.

_____ Gitarre steht in der Zimmerecke.

DAS?

_____ Mütze liegt im Schrank.

_____ Schraube liegt auf dem Boden.

_____ Krokodil reißt sein Maul auf.

Schreibe die Sätze auf den Block und kontrolliere.

Kopiervorlage 33 — Singular- und Pluralbildung

Was ändert sich in der Mehrzahl?

Lies wieder Satz für Satz und schreibe den passenden Begleiter dazu.
Vergleiche die Sätze in der Einzahl auf S. 49 noch einmal genau mit dieser Seite!

_____ blauen Eimer sind voll Wasser.

_____ Flugzeuge starten gerade.

_____ Löffel liegen neben dem Teller.

_____ schweren Gießkannen kann ich nicht heben.

_____ neuen Bälle sind bunt.

_____ Schweine grunzen im Stall.

_____ Sterne leuchten hell am Himmel.

_____ Ameisen kriechen am Boden.

_____ Gabeln stecken im Fleisch.

_____ Eichhörnchen springen von Baum zu Baum.

_____ Lampen hängen an der Decke.

_____ Gitarren stehen in der Zimmerecke.

_____ Mützen liegen im Schrank.

_____ Schrauben liegen auf dem Boden.

_____ Krokodile reißen ihre Mäuler auf.

DER?

DIE?

DAS?

Schreibe die Sätze auf den Block und kontrolliere.

Kopiervorlage 34 — Singular- und Pluralbildung

Einzahl-Mehrzahl-Domino/Memory® (1)

Schneide die Karten aus und lege die Einzahl- und Mehrzahlkarten nebeneinander.
Kannst du die Dinge mit Begleiter nennen? Auf der Rückseite stehen die Wörter.
Schreibe sie auf und kontrolliere noch einmal.

Kopiervorlage 35 Singular- und Pluralbildung

Einzahl-Mehrzahl-Domino/Memory® (2)

das Schwein	die Igel	der Igel	START
der Eisbär	die Hunde	der Hund	die Schweine
die Giraffe	die Eulen	die Eule	die Eisbären
die Schaukel	die Esel	der Esel	die Giraffen
der Marienkäfer	die Kühe	die Kuh	die Schaukeln
ZIEL	die Schmetterlinge	der Schmetterling	die Marienkäfer

Kopiervorlage 36

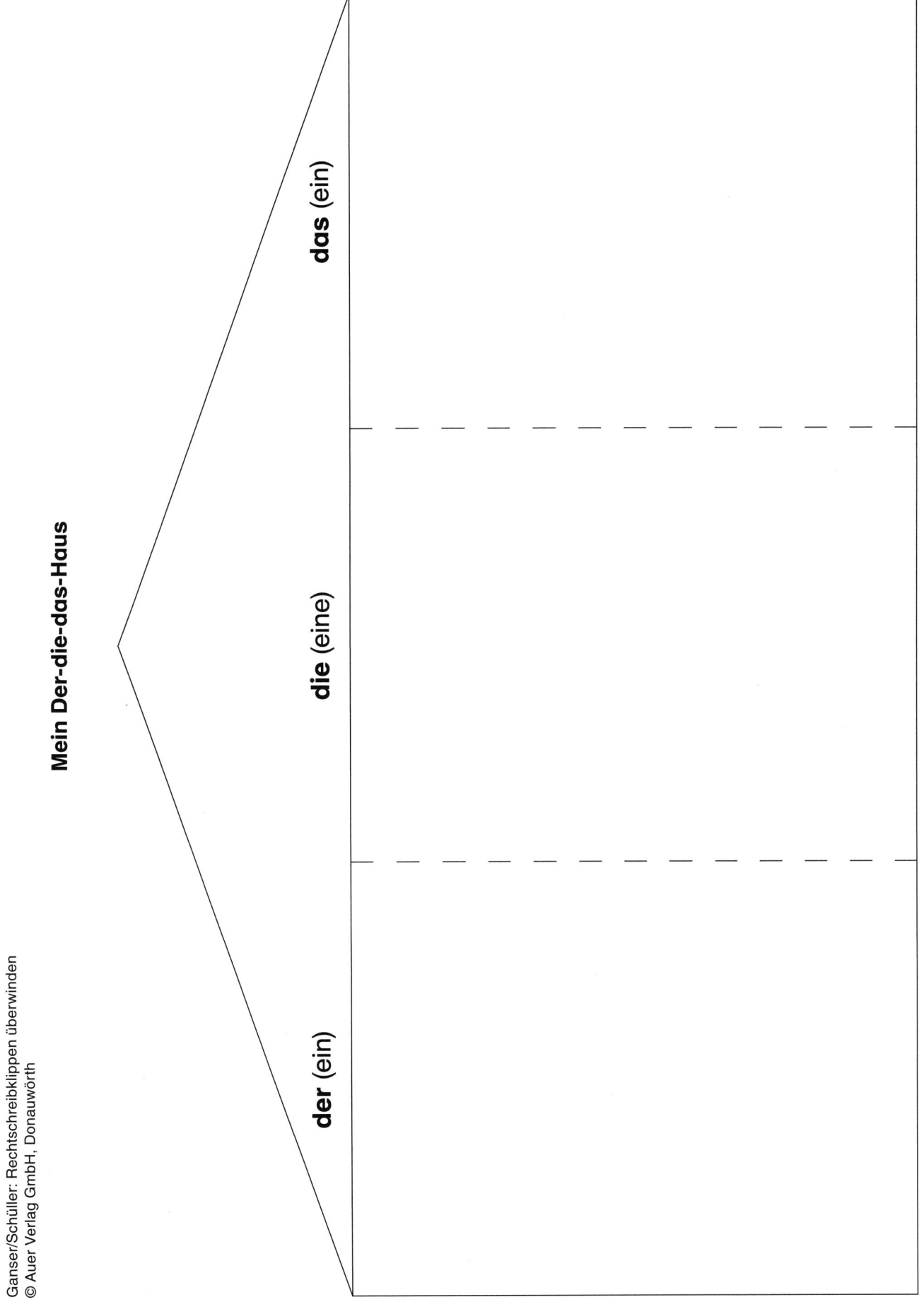

Nomen und ihre Begleiter

Mein Der-die-das-Haus

der (ein)

die (eine)

das (ein)

Kopiervorlage auf DIN A3 vergrößern. Die Bildkarten der KV 37–42, S. 54–59, in die richtige Artikelspalte legen. Sätze zu jedem Bild formulieren.

Ganser/Schüller: Rechtschreibklippen überwinden
© Auer Verlag GmbH, Donauwörth

Kopiervorlage 37 — Nomen und ihre Begleiter

Bild- und Wortkarten (1)

Kannst du alle Dinge mit Begleiter benennen und einen Satz formulieren?

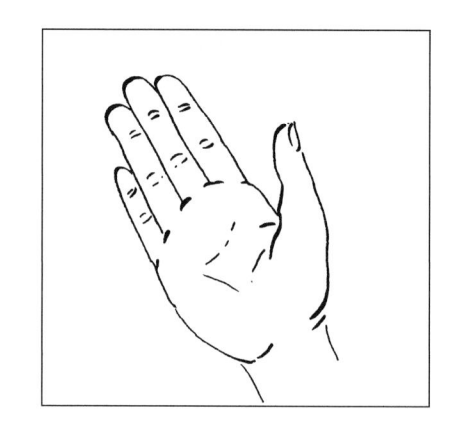

Kopiervorlage 38 — Nomen und ihre Begleiter

Bild- und Wortkarten (2)

die Hand **eine** Hand	**das** Eis **ein** Eis	**der** Affe **ein** Affe
der Igel **ein** Igel	**das** Nest **ein** Nest	**die** Blume **eine** Blume
der Schlüssel **ein** Schlüssel	**die** Sonne **eine** Sonne	**der** Eimer **ein** Eimer
das Schaf **ein** Schaf	**die** Puppe **eine** Puppe	**der** Tisch **ein** Tisch

Kopiervorlage 39 — Nomen und ihre Begleiter

Bild- und Wortkarten (3)

Kannst du alle Dinge mit Begleiter benennen und einen Satz formulieren?

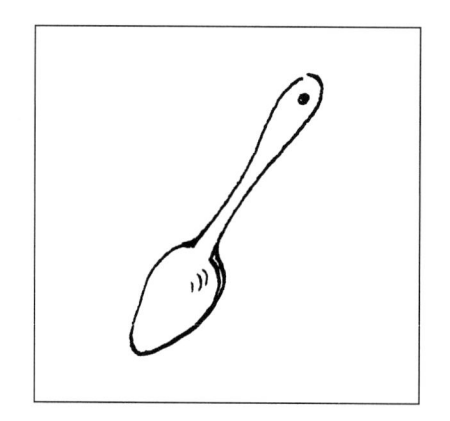

Kopiervorlage 40 — Nomen und ihre Begleiter

Bild- und Wortkarten (4)

das Sofa **ein** Sofa	**das** Schwein **ein** Schwein	**die** Gabel **eine** Gabel
das Buch **ein** Buch	**die** Gitarre **eine** Gitarre	**der** Stern **ein** Stern
das Flugzeug **ein** Flugzeug	**der** Löffel **ein** Löffel	**die** Gießkanne **eine** Gießkanne
die Ampel **eine** Ampel	**die** Lampe **eine** Lampe	**der** Ball **ein** Ball

Kopiervorlage 41 — Nomen und ihre Begleiter

Bild- und Wortkarten (5)

Kannst du alle Dinge mit Begleiter benennen und einen Satz formulieren?

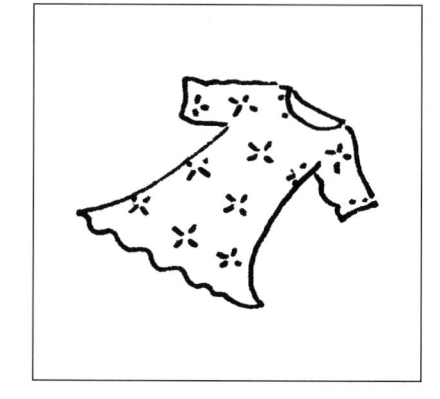

Kopiervorlage 42 — Nomen und ihre Begleiter

Bild- und Wortkarten (6)

der Baum **ein** Baum	**der** Besen **ein** Besen	**die** Banane **eine** Banane
das Telefon **ein** Telefon	**die** Tafel **eine** Tafel	**der** Bus **ein** Bus
der Löwe **ein** Löwe	**der** Computer **ein** Computer	**das** Schiff **ein** Schiff
das Kleid **ein** Kleid	**die** Birne **eine** Birne	**das** Brot **ein** Brot

Kopiervorlage 43 — Nomen und ihre Begleiter

Wörter im Der-die-das-Haus

Im Der-die-das-Haus liegen viele Bilder. Sage zu jedem Bild das Wort und schreibe es in die passende Spalte. Hast du jedes Wort richtig geschrieben? Vergleiche!

der (ein) …	die (eine) …	das (ein) …

Suche weitere Wörter, z. B. in deinem Sprachbuch, und schreibe sie mit auf.

Kopiervorlage 44 **Nomen und ihre Begleiter**

Was fehlt im Satz? (1)

Lies Satz für Satz und setze die bestimmten Begleiter ein.

_____ lustige Affe hüpft von Baum zu Baum.

_____ Eis schmeckt lecker.

Beim Grüßen gibst du mir _____ Hand.

_____ Blume steht in der gelben Vase.

Zwischen den Zweigen ist _____ Nest.

_____ kleine Igel sucht ein Versteck im Blätterhaufen.

_____ blaue Eimer steht im Garten.

_____ Puppe sitzt auf dem Sofa.

_____ Schlüssel liegt in der Schublade.

_____ Schaf gibt Fleisch und Wolle.

DER?

DIE?

DAS?

Setze nun die unbestimmten Begleiter ein.

_____ lustiger Affe hüpft von Baum zu Baum.

_____ Eis schmeckt lecker.

Beim Grüßen gibst du mir _____ Hand.

_____ Blume steht in der gelben Vase.

Zwischen den Zweigen ist _____ Nest.

_____ kleiner Igel sucht ein Versteck im Blätterhaufen.

_____ blauer Eimer steht im Garten.

_____ Puppe sitzt auf dem Sofa.

_____ Schlüssel liegt in der Schublade.

_____ Schaf gibt Fleisch und Wolle.

EIN?

EINE?

Kopiervorlage 45 — Nomen und ihre Begleiter

Was fehlt im Satz? (2)

Lies Satz für Satz und setze die bestimmten Begleiter ein.

_____ Gabel liegt im Besteckkasten.

_____ dicke Schwein grunzt im Stall.

_____ flinke Eichhörnchen springt von Ast zu Ast.

_____ Stern leuchtet am Himmel.

_____ Gitarre ist ein Musikinstrument.

_____ neue Buch ist sehr spannend.

_____ schwere Gießkanne steht im Garten.

_____ Löffel steckt im Honigglas.

Am Himmel sieht man _____ Flugzeug.

Auf der Straße rollt _____ Ball.

DER? **DIE?** **DAS?**

Setze nun die unbestimmten Begleiter ein.

_____ Gabel liegt im Besteckkasten.

_____ dickes Schwein grunzt im Stall.

_____ flinkes Eichhörnchen springt von Ast zu Ast.

_____ Stern leuchtet am Himmel.

_____ Gitarre ist ein Musikinstrument.

_____ neues Buch ist sehr spannend.

_____ schwere Gießkanne steht im Garten.

_____ Löffel steckt im Honigglas.

Am Himmel sieht man _____ Flugzeug.

Auf der Straße rollt _____ Ball.

EIN? **EINE?**

Kopiervorlage 46 — Nomen und ihre Begleiter

Was fehlt im Satz? (3)

Lies Satz für Satz und setze die bestimmten Begleiter ein.

_____ Banane liegt auf der Straße.

_____ neue Besen steht in der Ecke.

_____ Baum hat eine große Krone.

_____ Bus fährt die Kinder nach Hause.

_____ Telefon läutet.

_____ Schiff ist voll beladen.

_____ Löwe ruht sich aus.

_____ Kleid hängt am Kleiderbügel.

_____ frische Brot essen alle gern.

_____ Birne liegt in der Obstschale.

DER?

DIE?

DAS?

Setze nun die unbestimmten Begleiter ein.

_____ Banane liegt auf der Straße.

_____ neuer Besen steht in der Ecke.

_____ Baum hat eine große Krone.

_____ Bus fährt die Kinder nach Hause.

_____ Telefon läutet.

_____ Schiff ist voll beladen.

_____ Löwe ruht sich aus.

_____ Kleid hängt am Kleiderbügel.

_____ frisches Brot essen alle gern.

_____ Birne liegt in der Obstschale.

EIN?

EINE?

Kopiervorlage 47 **Nomen und ihre Begleiter**

Die gefräßige Schlange

Erzähle, was die Schlange alles gefressen hat.

Kopiervorlage 48 — Groß- und Kleinschreibung

Wortartenscheiben (1)

Lies jedes Wort genau. Die Kreise mit den Nomen (Namenwörtern) malst du rot an, die mit den Verben (Tunwörtern) blau und die mit den Adjektiven (Wiewörtern) grün. Schreibe die Wörter nach Wortarten getrennt auf und kontrolliere noch einmal.

- LESEN
- STILL
- TASSE
- ROLLEN
- TELEFON
- DÜNN
- BLAU
- SCHLAFEN
- TRINKEN
- SCHULE
- ESSEN
- HUNGRIG
- STRAẞE
- SUCHEN
- NEBEL
- NEU
- RECHNEN
- ZEHE
- WEICH
- GESUND
- HELL
- TISCH
- TROCKEN
- AMPEL

Kopiervorlage 49 — Groß- und Kleinschreibung

Wortartenscheiben (2)

Lies jedes Wort genau. Die Kreise mit den Nomen (Namenwörtern) malst du rot an, die mit den Verben (Tunwörtern) blau und die mit den Adjektiven (Wiewörtern) grün. Schreibe die Wörter nach Wortarten getrennt auf und kontrolliere noch einmal.

FAHREN	FLUSS	LEICHT	DRAHT
STEHEN	LEISE	NEBEL	KLUG
KÄFIG	SITZEN	GIFTIG	TEILEN
WERFEN	NABEL	RENNEN	WICHTIG
REICH	TRAGEN	SOMMER	SPIELEN
ZEIGEN	SONNE	ÜBEN	ZWIEBEL

Kopiervorlage 50 — Groß- und Kleinschreibung

Wortartenscheiben (3)

Lies jedes Wort genau. Die Kreise mit den Nomen (Namenwörtern) malst du rot an, die mit den Verben (Tunwörtern) blau und die mit den Adjektiven (Wiewörtern) grün. Schreibe die Wörter nach Wortarten getrennt auf und kontrolliere noch einmal.

ECKE	SEHEN	STARK	LEISE
REDEN	AUGUST	KALT	KATZE
WARM	GEHEN	HUND	SCHWARZ
BUNT	MINUTE	SCHREIBEN	DICK
FENSTER	HALTEN	SAUER	BROT
TURNEN	ESEL	WANDERN	WEIß

Kopiervorlage 51 — Groß- und Kleinschreibung

Welche Wörter kommen in welche Kiste?

Male die Wortartenkisten an. Kreise die Wörter in den Farben der Wortartenkisten ein.

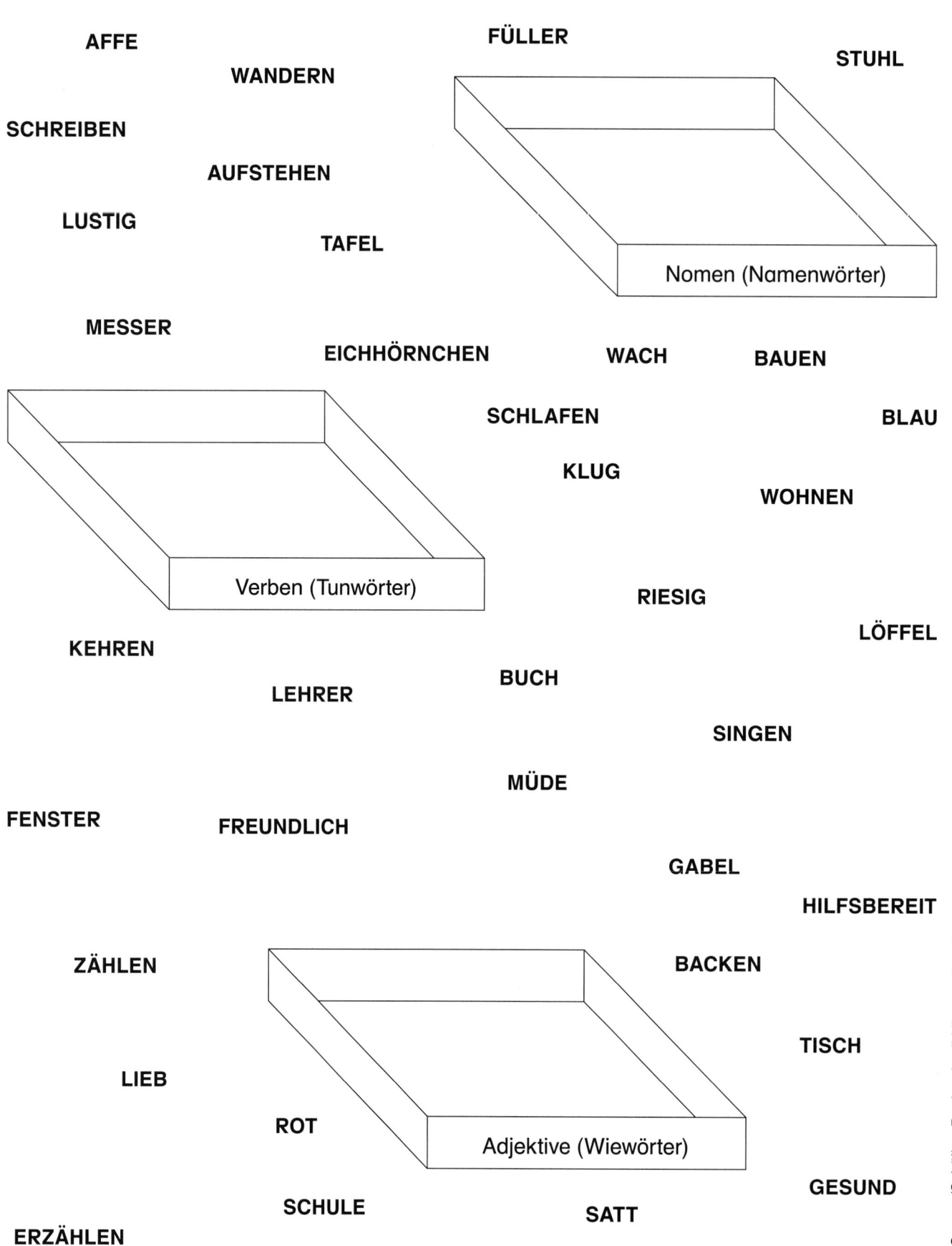

AFFE
FÜLLER
WANDERN
STUHL
SCHREIBEN
AUFSTEHEN
LUSTIG
TAFEL

Nomen (Namenwörter)

MESSER
EICHHÖRNCHEN WACH BAUEN
SCHLAFEN BLAU
KLUG
WOHNEN

Verben (Tunwörter)

RIESIG
LÖFFEL
KEHREN
BUCH
LEHRER
SINGEN
MÜDE
FENSTER FREUNDLICH
GABEL
HILFSBEREIT
ZÄHLEN BACKEN
TISCH
LIEB
ROT

Adjektive (Wiewörter)

GESUND
SCHULE SATT
ERZÄHLEN

Kopiervorlage 52 — Groß- und Kleinschreibung

Wörterkisten

Schreibe hier die Wörter getrennt nach Wortarten auf.

Nomen (Namenwörter)

Verben (Tunwörter)

Adjektive (Wiewörter)

Kopiervorlage 53 Groß- und Kleinschreibung

Wortartensechseck

Schneide die Dreiecke aus. Zwei verwandte Wörter, nämlich ein Nomen (Namenwort) und ein Verb (Tunwort), liegen aneinander. Lies genau und bilde Sätze.
Schreibe die Wortpaare auf. Diktiere sie auch einem Mitschüler.

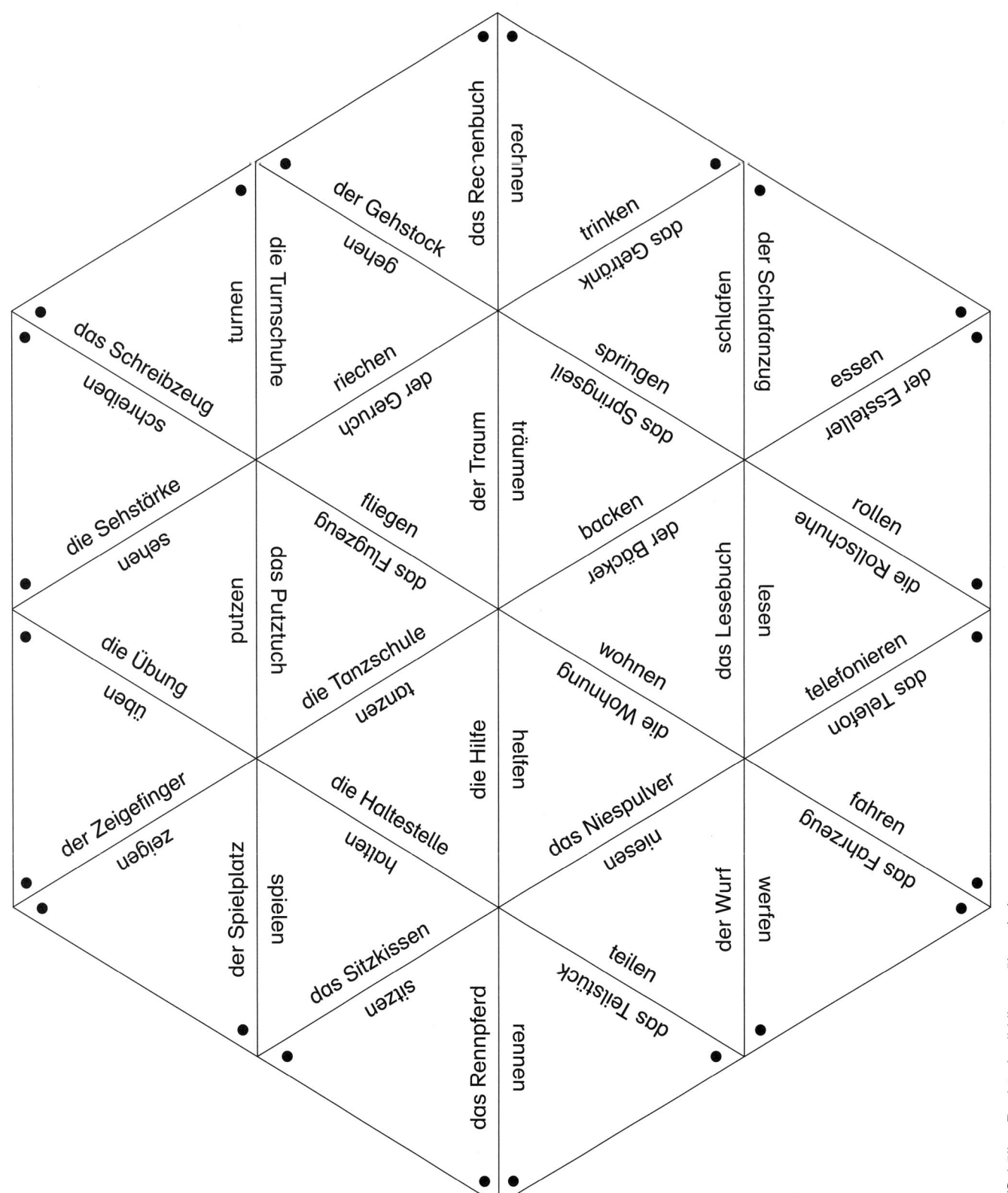

Wortpaare im Sechseck:
- das Rechenbuch – rechnen
- der Gehstock – gehen
- die Turnschuhe – turnen
- das Schreibzeug – schreiben
- die Sehstärke – sehen
- die Übung – üben
- der Zeigefinger – zeigen
- der Spielplatz – spielen
- das Sitzkissen – sitzen
- das Rennpferd – rennen
- das Teilstück – teilen
- der Wurf – werfen
- das Fahrzeug – fahren
- das Telefon – telefonieren
- die Rollschuhe – rollen
- der Esstteller – essen
- der Schlafanzug – schlafen
- das Getränk – trinken
- das Springseil – springen
- der Traum – träumen
- der Bäcker – backen
- das Lesebuch – lesen
- die Wohnung – wohnen
- die Hilfe – helfen
- das Niespulver – niesen
- die Haltestelle – halten
- die Tanzschule – tanzen
- das Flugzeug – fliegen
- das Putztuch – putzen
- der Geruch – riechen

Nomen (Namenwörter) schreibe ich **groß**, Verben (Tunwörter) klein!

Kopiervorlage 54 — **Dehnung mit h**

Mein Kartenspiel (1)

der Ver	kehr		der Feh	ler
der Leh	rer		das Fahr	rad
die Ge	fahr		die Sah	ne
die Koh	le		die Söh	ne
die Hüh	ner		die Oh	ren
die Keh	le		die Mehl	dose

Kopiervorlage 55 Dehnung mit h

Mein Kartenspiel (2)

die Str**ah**	len	die **Uh**	ren
die St**üh**	le	die W**oh**	nung
die H**äh**	ne	die F**ah**	ne
die N**ah**	rung	der R**ah**	men
die K**äh**	ne	der Fr**üh**	ling
die S**oh**	len	die W**ah**	len

Kopiervorlage 56 **Dehnung mit h**

Mein Kartenspiel (3)

| der B<u>ah</u>n | hof |
| die H<u>öh</u> | le |

| der F<u>ah</u> | rer |
| das Ge w<u>eh</u>r |

| die B<u>oh</u> | nen |
| die Ern<u>äh</u> | rung |

| die M<u>üh</u> | le |
| das Ge f<u>üh</u>l |

| die Z<u>ah</u> | len |
| die R<u>oh</u> | re |

| die J<u>ah</u> | re |
| die N<u>äh</u> | te |

Kopiervorlage 57 — **Dehnung mit h**

Mein Kartenspiel (4)

drei	zehn		bezah	len
umkeh	ren		boh	ren
weh	ren		feh	len
wäh	len		woh	nen
strah	len		fah	ren
zäh	len		fröh	lich
oh	ne		leh	ren
beloh	nen		keh	ren

Kopiervorlage 58

Dehnung mit h

„Schwerer" Wörtertransporter

Kennst du alle Wörter? Setze die fehlenden Buchstaben ein und schreibe die Wörter auf.

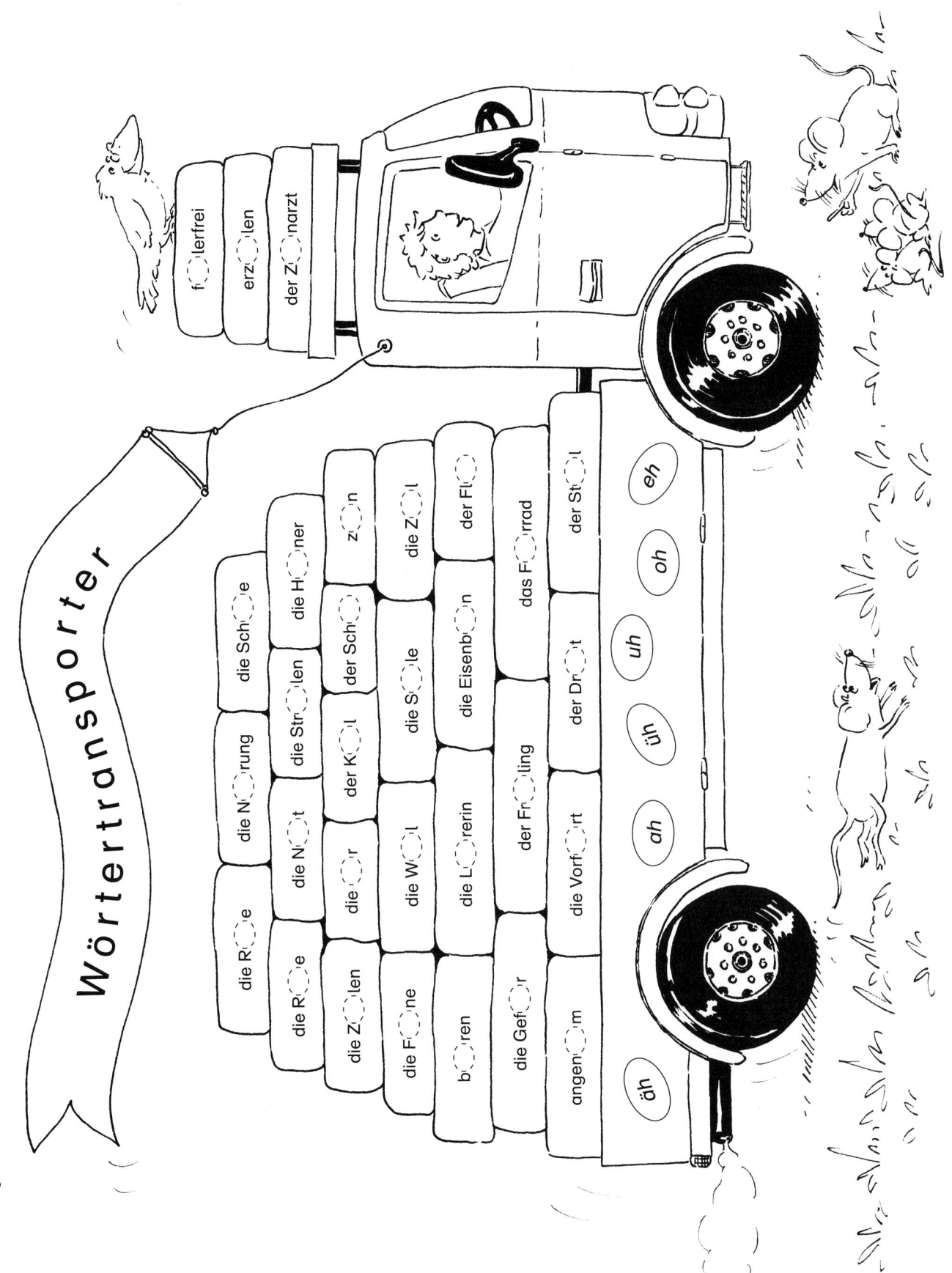

Auf dem Anhänger:
- f( )lerfrei
- erz( )len
- der Z( )narzt

Auf dem Laster (Wortsteine):
- die R( )e
- die R( )e
- die N( )rung
- die N( )t
- die Sch( )e
- die R( )e
- die Z( )len
- die Str( )len
- die N( )t
- die H( )ner
- die F( )ne
- die Z( )n
- der K( )l
- der Sch( )r
- der Sch( )l
- b( )ren
- die Eisenb( )n
- die W( )l
- die S( )le
- die L( )rerin
- die Gef( )r
- das F( )rrad
- der Fr( )ling
- der Fr( )ling
- der Dr( )t
- der St( )l
- angen( )m
- die Vorf( )rt

Buchstaben-Auswahl (Räder/Auspuff):
eh · oh · uh · üh · ah · äh

75

Kopiervorlage 59 — Dehnung mit h

Sätze zum Wörtertransporter

Setze die fehlenden Wörter ein. Der Wörtertransporter hilft dir dabei.

1. Paul schiebt das _____ den Berg hinauf.

2. Morgen fahre ich mit der _____ zu meinen Großeltern.

3. Wenn ich leise bin, kann ich im Wald die _____ beobachten.

4. Im Winter bringt der Förster den Tieren die _____ in den Wald.

5. Viele Kinder mögen ihre _____ sehr.

6. In die Schule nehme ich meine neue _____ mit. Dann weiß ich, wann Pause ist.

7. An der Tafel stehen die _____, mit denen wir rechnen müssen.

8. Der _____ hat mich gebissen! Es juckt sehr stark.

9. Wir _____ zwei Löcher in die Wand.

10. Die _____ der Sonne erwärmen das Zimmer.

11. Meine liebste Jahreszeit ist der _____.

12. Das letzte Diktat war _____! Das Üben hat sich gelohnt.

13. Jeden Morgen dürfen wir in der Schule von unseren Erlebnissen _____.

14. Auf dem Bauernhof laufen viele _____ herum. Sie legen Eier.

15. Am Montag gehe ich zum _____. Hoffentlich muss er kein Loch _____!

16. Wenn ich meine Hausaufgaben mache, brauche ich _____, sonst kann ich mich nicht konzentrieren.

17. Auf dieser Straße habe ich die _____. Das sehe ich am Verkehrsschild.

18. Zum Geburtstag bekomme ich eine neue _____.

19. Ich habe _____ Finger. An jeder Hand fünf!

20. Mein rechter _____ braucht eine neue _____.
    Ich bringe ihn zum Schuster.

Kopiervorlage 60

Dehnung mit h

Versteckte Wörter

Du findest 28 Wörter im Gitterrätsel. Male die Kästchen mit einem gelben Stift aus und schreibe die Wörter auf die Zeilen, die Namenwörter mit Begleiter.

●	K	●	●	S	C	H	U	H	●	F	●
H	U	H	N	●	K	A	H	N	●	L	●
●	H	●	●	R	E	H	●	●	R	O	H
●	●	●	Z	A	H	N	●	Z	●	H	●
S	T	U	H	L	●	●	N	A	H	●	S
O	H	R	●	●	●	N	A	H	T	●	C
H	●	●	●	F	●	●	●	L	●	●	H
N	●	●	●	E	H	R	E	●	B	●	U
●	●	L	A	H	M	●	●	●	A	●	H
●	K	O	H	L	E	●	S	O	H	L	E
●	●	H	E	●	S	A	H	N	E	●	●
I	H	N	●	R	●	U	H	R	●	●	●

Kopiervorlage 61 — Konsonantenverdopplung

Wörterkreisel

Schneide den achteckigen Kreisel aus und stecke in die Mitte einen Schaschlikspieß oder Mikadostab.
Dann drehst du den Kreisel.
Hast du den Joker, dann sagst du zu jedem Doppelmitlaut ein Wort.

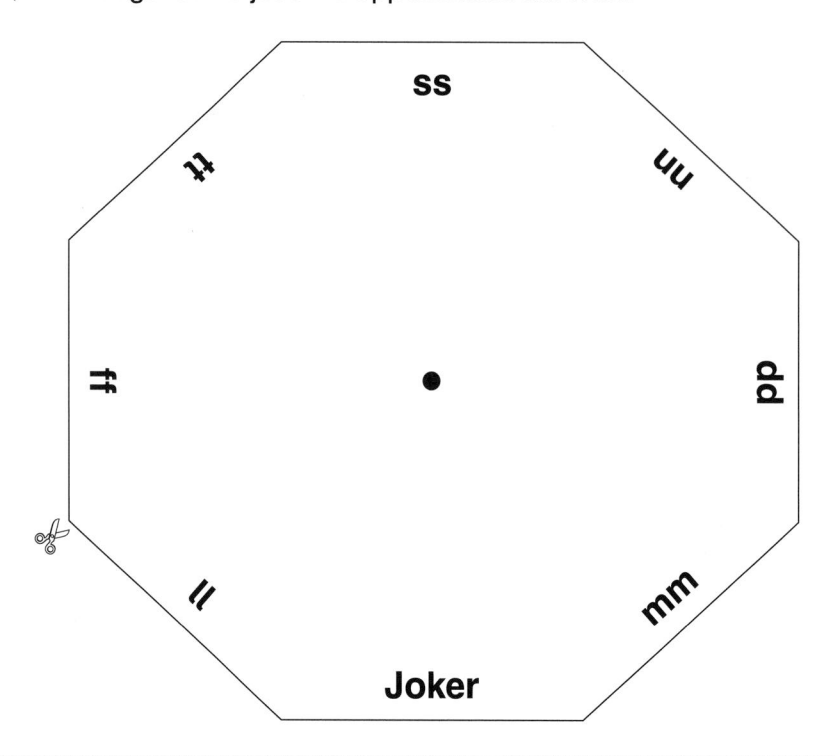

Achteck mit: ss, nn, pp, mm, Joker, ll, ff, tt

Lupenwörter zu den Doppelmitlauten

Lupenwörter ausschneiden, mit einer Lupe betrachten, auswendig aufschreiben und noch einmal kontrollieren. In einer Streichholzschachtel aufbewahren.
Übung regelmäßig wiederholen.

die Mutter	die Giraffe	der Schlitten	das Bett
der Koffer	die Semmel	das Lamm	der Schmetterling
die Trommel	der Affe	die Kette	der Löffel
die Krawatte	das Blatt	der Hammer	die Sonne
der Kamm	das Schiff	der Schwamm	die Brille
die Tassen	das Kissen	das Tablett	der Radiergummi
der Rüssel	der Füller	die Wolle	das Wasser

Kopiervorlage 62 — Konsonantenverdopplung

Bild- und Wortkarten zu Wörtern mit doppeltem Mitlaut (1)

Kopiervorlage 63 — Konsonantenverdopplung

Bild- und Wortkarten zu Wörtern mit doppeltem Mitlaut (2)

der Rü**ss**el	das Schi**ff**	der A**ff**e
die Karto**ff**el	die Gira**ff**e	der Lö**ff**el
der Te**dd**ybär	der Schme**tt**erling	das Be**tt**
die Hü**tt**e	das Bla**tt**	die Ke**tt**e
der Schwa**mm**	die Bu**tt**er	das La**mm**
die Karo**tt**e	der Ka**mm**	die Tro**mm**el

Kopiervorlage 64 — Konsonantenverdopplung

Bild- und Wortkarten zu Wörtern mit doppeltem Mitlaut (3)

Kopiervorlage 65 — Konsonantenverdopplung

Bild- und Wortkarten zu Wörtern mit doppeltem Mitlaut (4)

die So**nn**e	der Pu**ll**over	die Ka**nn**e
der Te**nn**isschläger	die Gita**rr**e	die He**nn**e
die Qua**ll**e	der Ro**ll**er	der Fü**ll**er
der Te**ll**er	die Wo**ll**e	der Ma**nn**
die Li**pp**en	die Bri**ll**e	der Ba**ll**
das Table**tt**	die Ra**tt**e	der Radiergu**mm**i

Kopiervorlage 66 — Konsonantenverdopplung

Bild- und Wortkarten zu Wörtern mit doppeltem Mitlaut (5)

Kopiervorlage 67 — Konsonantenverdopplung

Bild- und Wortkarten zu Wörtern mit doppeltem Mitlaut (6)

die Nu**ss**	das Me**ss**er	das Ki**ss**en
das Schlo**ss**	die Ta**ss**e	der Se**ss**el
die Schü**ss**el	der Schlü**ss**el	das Wa**ss**er
die Groß**m**utter	die Tre**pp**e	die Pu**pp**e
der La**pp**en	der Te**pp**ich	die Su**pp**e
die Pfa**nn**e	die Wa**nn**e	die Spi**nn**e

Kopiervorlage 68 — Konsonantenverdopplung

Wörterlisten zu den Doppelmitlauten (1)

„ss"

„mm"

„pp"

„ff"

Kopiervorlage 69 — Konsonantenverdopplung

Wörterlisten zu den Doppelmitlauten (2)

„nn"

„tt"

Finde weitere Wörter mit doppeltem Mitlaut und notiere sie hier. Verwende bei der Suche auch ein Wörterbuch.

„ll"

Kopiervorlage 70 — Konsonantenverdopplung

Der Reimwörterdrachen

Reimwörter-drachen

- der Sessel / der Kessel
- der Teller / der Keller
- der Kamm / der Stamm
- die Tanne / die Wanne
- die Giraffe / der Affe
- der Ball / der Schall
- die Klammer / die Kammer
- die Sonne / die Tonne
- die Falle / die Kralle
- die Kanne / die Pfanne
- die Klasse / die Tasse
- die Mutter / die Butter
- die Wolle / die Knolle
- der Knall / der Fall
- der Schuss / der Kuss
- die Schüssel / der Rüssel
- das Fass / der Pass
- die Nüsse / die Flüsse
- die Rille / die Brille
- das Schloss / das Ross
- der Füller / der Müller

Schneide die 18 Dreiecke aus, mische sie und füge die Reimpaare aneinander. Schreibe die Wortpaare auf und formuliere zu jedem Wort einen sinnvollen Satz.

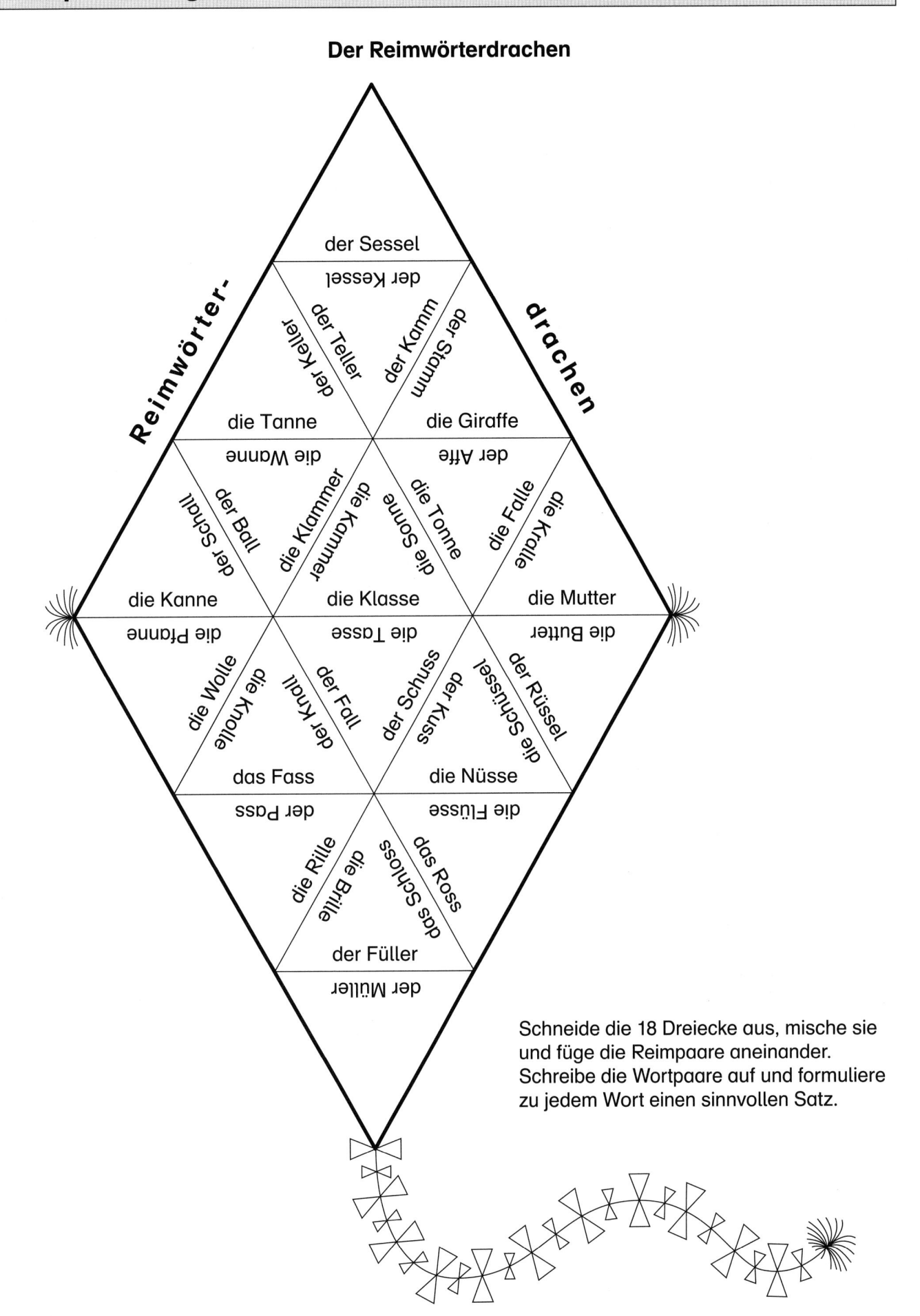

Kopiervorlage 71 — Konsonantenverdopplung

Dreieck-Puzzle zu den Doppelmitlauten

Schneide die neun Dreiecke sorgfältig aus, mische die Teile und füge sie so aneinander, dass jeweils zwei verwandte Wörter zusammenstoßen.
Schreibe die Wörter auf und kontrolliere.
Hebe die Teile in einem Briefumschlag auf. So kannst du immer wieder üben.

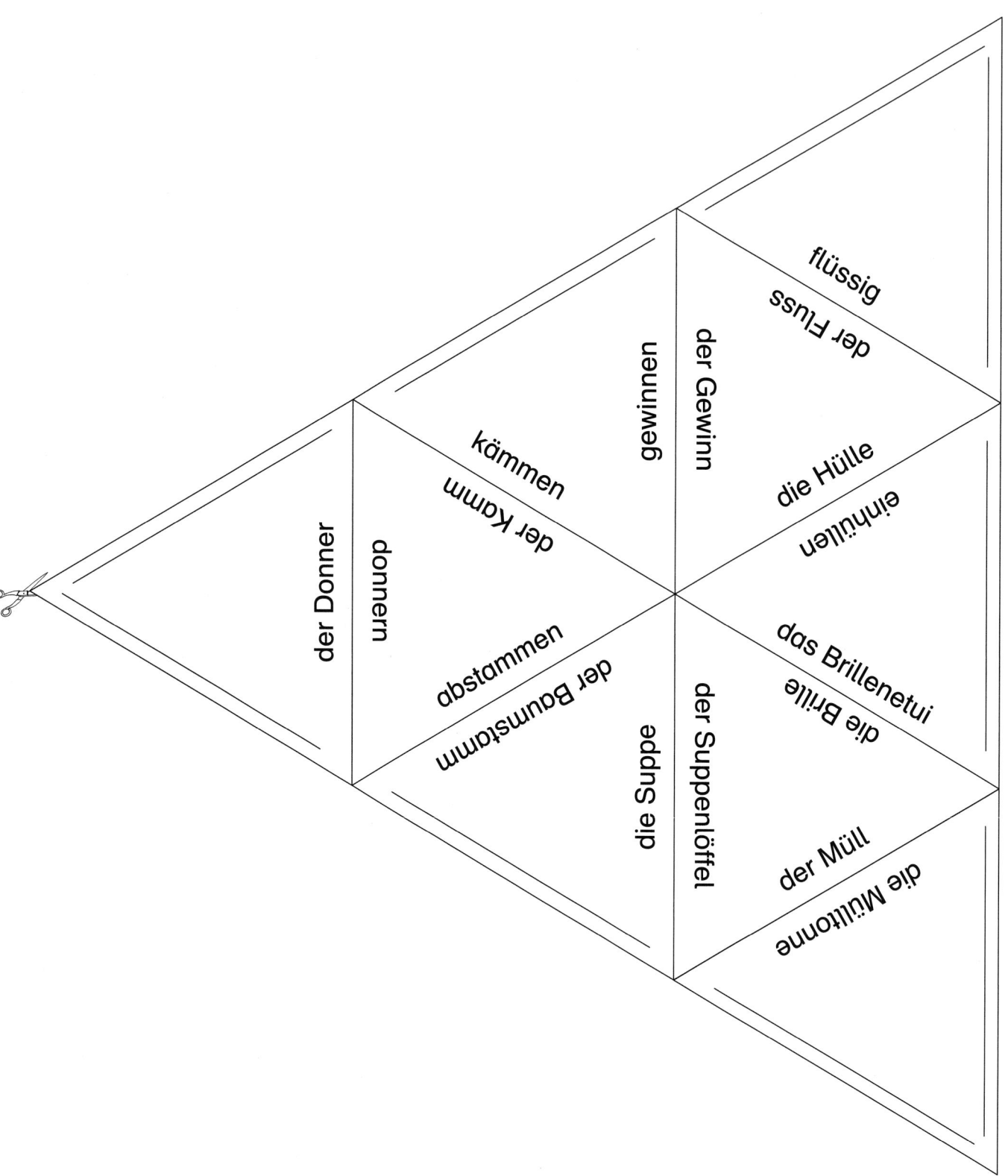

Wortpaare auf den Dreiecken:
- der Donner / donnern
- der Kamm / kämmen
- gewinnen / der Gewinn
- der Fluss / flüssig
- die Hülle / einhüllen
- das Brillenetui / die Brille
- die Suppe / der Suppenlöffel
- der Müll / die Mülltonne
- abstammen / der Baumstamm

Ganser/Schüller: Rechtschreibklippen überwinden
© Auer Verlag GmbH, Donauwörth

Kopiervorlage 72

Konsonatenverdopplung

Dreieck-Puzzle – leer

Erfinde dein eigenes Rechtschreibspiel.

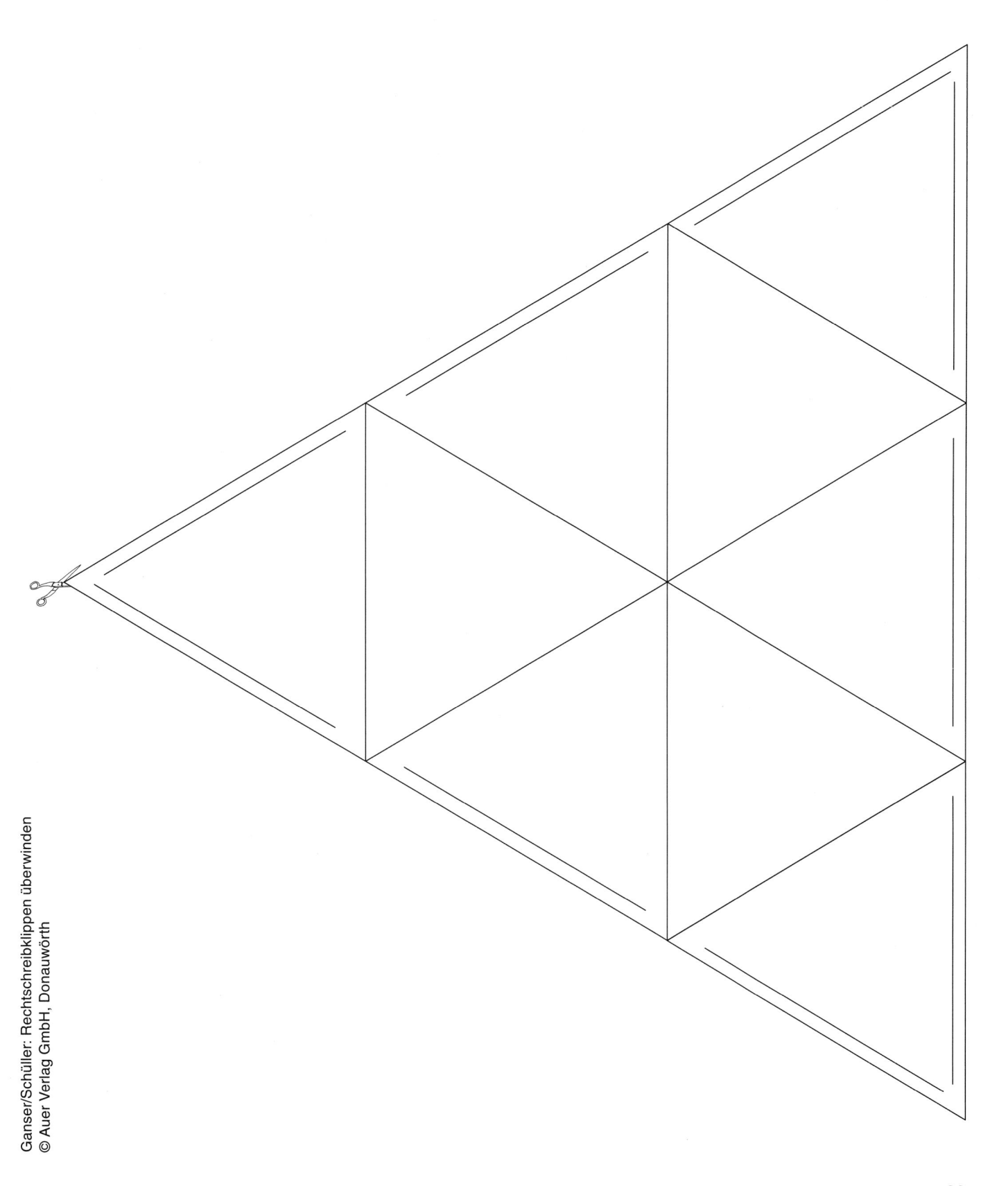

Kopiervorlage 73 — Konsonantenverdopplung

Lückentext

Setze die fehlenden Wörter ein. Verwende die Wörter aus dem Dreieck-Puzzle.

1. Der laute _____ ist weit zu hören.
2. Ich höre es laut _____.
3. Die _____ ist heiß.
4. Der _____ liegt neben dem Topf.
5. Jedes Los ist ein _____.
6. Wir werden das Spiel _____!
7. Weißt du, woher die Menschen _____?
8. Der _____ wird zersägt.
9. Im _____ schwimmt ein Krokodil.
10. Das Öl ist _____.
11. Ich stecke das Zeugnis in eine _____.
12. Die Mutter muss das Baby gut _____, um es vor Kälte zu schützen.
13. Für meine Brille kaufe ich ein _____.
14. Weil ich nicht gut sehe, brauche ich eine _____.
15. Auf der Straße liegt viel _____.
16. Die _____ ist randvoll.
17. Ich kaufe mir einen neuen _____.
18. Wir müssen das Haar _____.

Kopiervorlage 74 — Konsonantenverdopplung

Vor und zurück auf dem Spielplan

Würfle und springe vom Wort zum passenden Bild oder vom Bild zum Wort!

START	🐒	die Ka**nn**e	die Qua**ll**e	🛏	der A**ff**e
🚢	die He**nn**e	die Ta**ss**e	☕	die Walnu**ss**	der Lö**ff**el
der Radiergu**mmi**			🪘		🥛
🗝	das Bla**tt**	⚽	ZIEL	das Me**ss**er	🐍
🔪	🦒			🪮	das Be**tt**
das Schi**ff**	der Ka**mm**			die Tro**mm**el	☀
🐔	🌰	die Gira**ff**e	der Ba**ll**	🍁	die Schü**ss**el
die So**nn**e					das Table**tt**
🛎	der Schlü**ss**el	🥣	🧼	der Rü**ss**el	🥄

Kopiervorlage 75 **Wortfamilien**

Wortfamiliensterne (1)

Schneide jeden Stern an den gestrichelten Linien aus.
Mische die Teile und füge sie wieder zu Wortfamilien zusammen.
Finde noch weitere Wörter und schreibe sie auf.

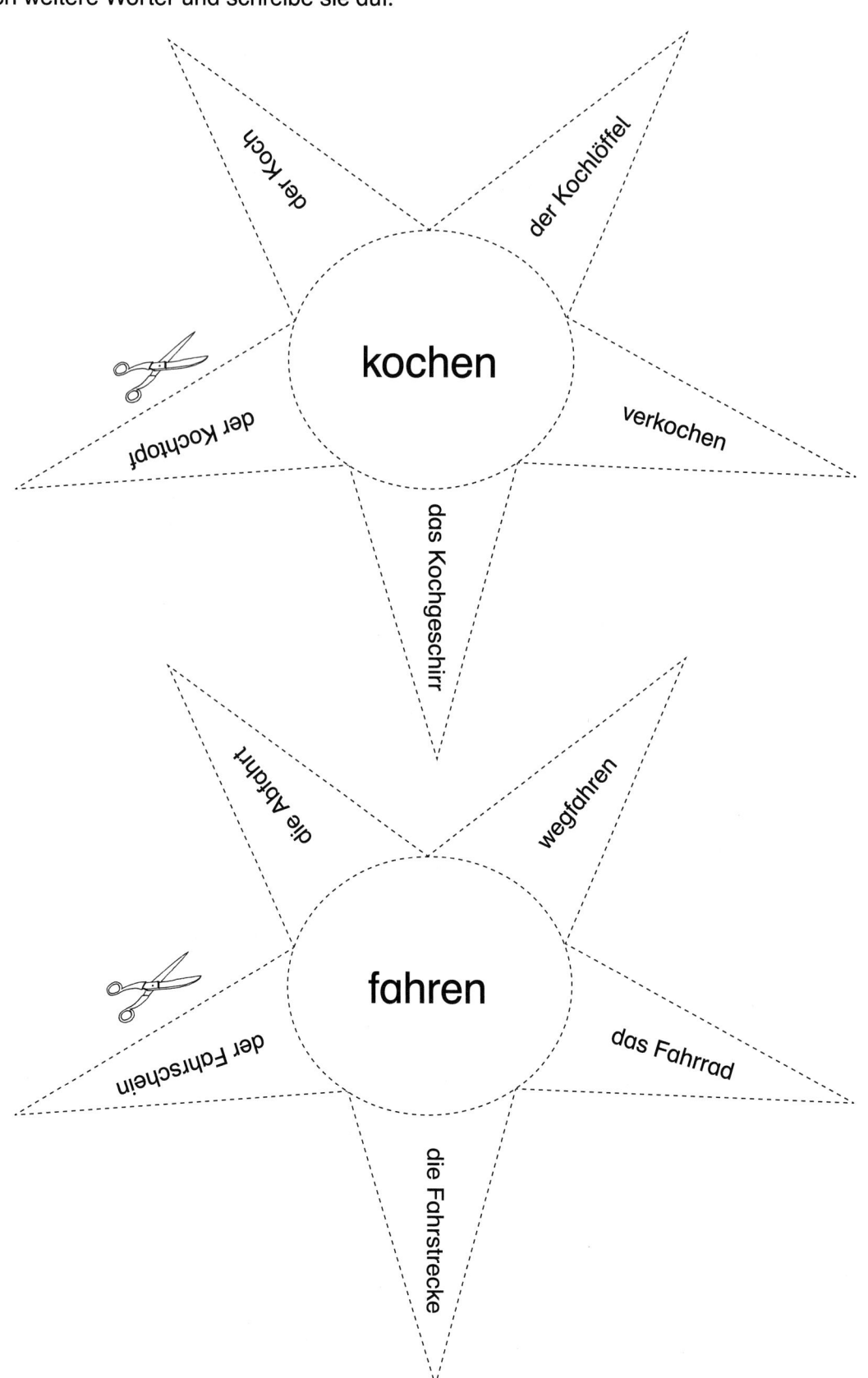

Stern 1: kochen
- der Koch
- der Kochlöffel
- verkochen
- das Kochgeschirr
- der Kochtopf

Stern 2: fahren
- die Abfahrt
- wegfahren
- das Fahrrad
- die Fahrstrecke
- der Fahrschein

Kopiervorlage 76 — Wortfamilien

Wortfamiliensterne (2)

Schneide jeden Stern an den gestrichelten Linien aus.
Mische die Teile und füge sie wieder zu Wortfamilien zusammen.
Finde noch weitere Wörter und schreibe sie auf.

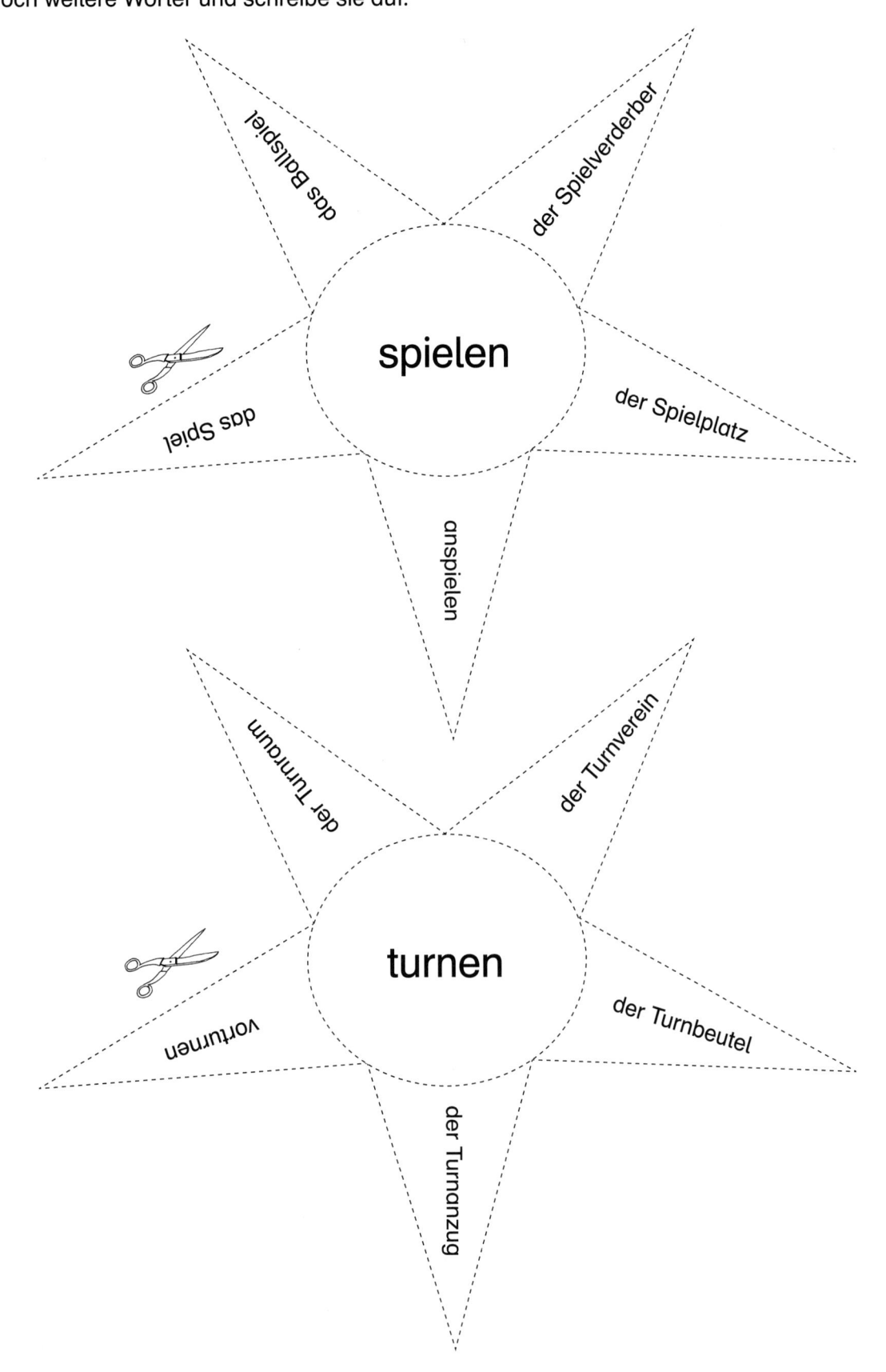

Stern 1: spielen
- das Ballspiel
- der Spielverderber
- der Spielplatz
- anspielen
- das Spiel

Stern 2: turnen
- der Turnraum
- der Turnverein
- der Turnbeutel
- der Turnanzug
- vorturnen

Kopiervorlage 77 — Wortfamilien

Wortfamiliensterne (3)

Schneide jeden Stern an den gestrichelten Linien aus.
Mische die Teile und füge sie wieder zu Wortfamilien zusammen.
Finde noch weitere Wörter und schreibe sie auf.

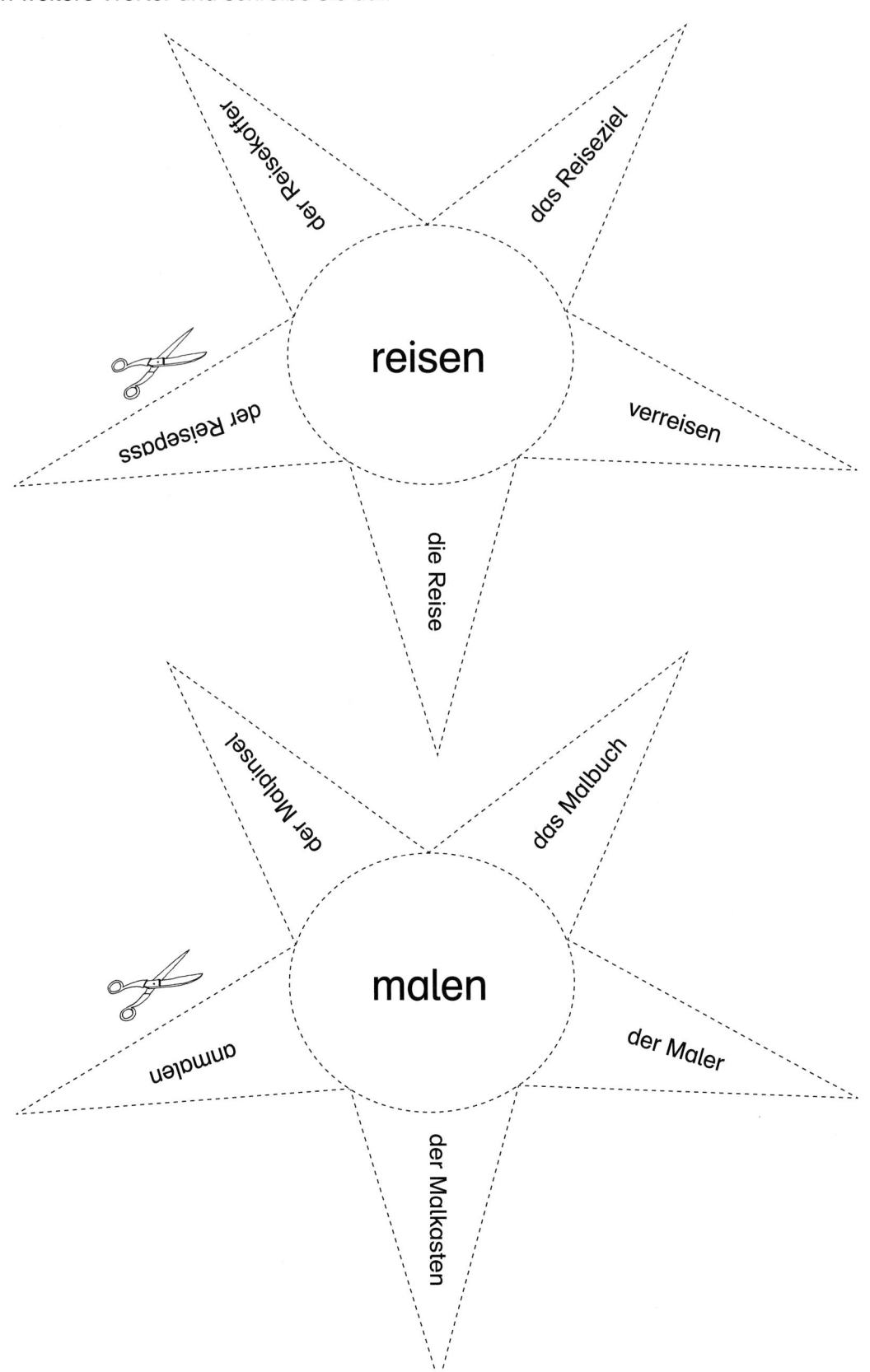

Stern 1: reisen
- der Reisekoffer
- das Reiseziel
- verreisen
- die Reise
- der Reisepass

Stern 2: malen
- der Malpinsel
- das Malbuch
- der Maler
- der Malkasten
- anmalen

Kopiervorlage 78 — Wortfamilien

Wortfamiliensterne (4)

Schneide jeden Stern an den gestrichelten Linien aus.
Mische die Teile und füge sie wieder zu Wortfamilien zusammen.
Finde noch weitere Wörter und schreibe sie auf.

schreiben
- der Schreibtisch
- abschreiben
- das Schreibzeug
- die Schreibunterlage
- das Schreibheft

essen
- der Esstisch
- das Essbesteck
- gegessen
- der Esslöffel
- aufessen

Kopiervorlage 79 — Wortfamilien

Der schlaue Wortfamiliendetektiv (1)

Schreibe die Wörter der Wortfamiliensterne auf und suche weitere im Wörterbuch.

Wörter aus der Wortfamilie „kochen":

_____
_____
_____
_____

Wörter aus der Wortfamilie „essen":

_____
_____
_____
_____

Wörter aus der Wortfamilie „fahren":

_____
_____
_____

Wörter aus der Wortfamilie „reisen":

_____
_____
_____
_____

Kopiervorlage 80 — Wortfamilien

Der schlaue Wortfamiliendetektiv (2)

Schreibe die Wörter der Wortfamiliensterne auf und suche weitere im Wörterbuch.

Wörter aus der Wortfamilie „malen":

Wörter aus der Wortfamilie „spielen":

Wörter aus der Wortfamilie „schreiben":

Wörter aus der Wortfamilie „turnen":

Kopiervorlage 81 — Wortfamilien

Wortfamiliensalat

Schneide die Kärtchen an der gestrichelten Linie auseinander, mische die Teile und füge sie wieder zusammen. Es sind fünf Wortfamilien. Schreibe die Wörter auf und formuliere einen Satz zu jedem Wort.

träumen	der Träumer
das Traumhaus	geträumt
braten	der Bratapfel
der Braten	die Bratpfanne
zaubern	der Zauberer
zauberhaft	der Zauberstab
backen	der Backofen
der Bäcker	das Gebäck
zeigen	der Zeiger
der Zeigefinger	anzeigen

Kopiervorlage 82 — St/Str und Sp/Spr am Wortanfang

Deckplatte mit Sichtfenster

Deckplatte ausschneiden, auf eine Drehscheibe (KV 83–89, S. 100–106) legen und in der Mitte mit einer Klammer fixieren.

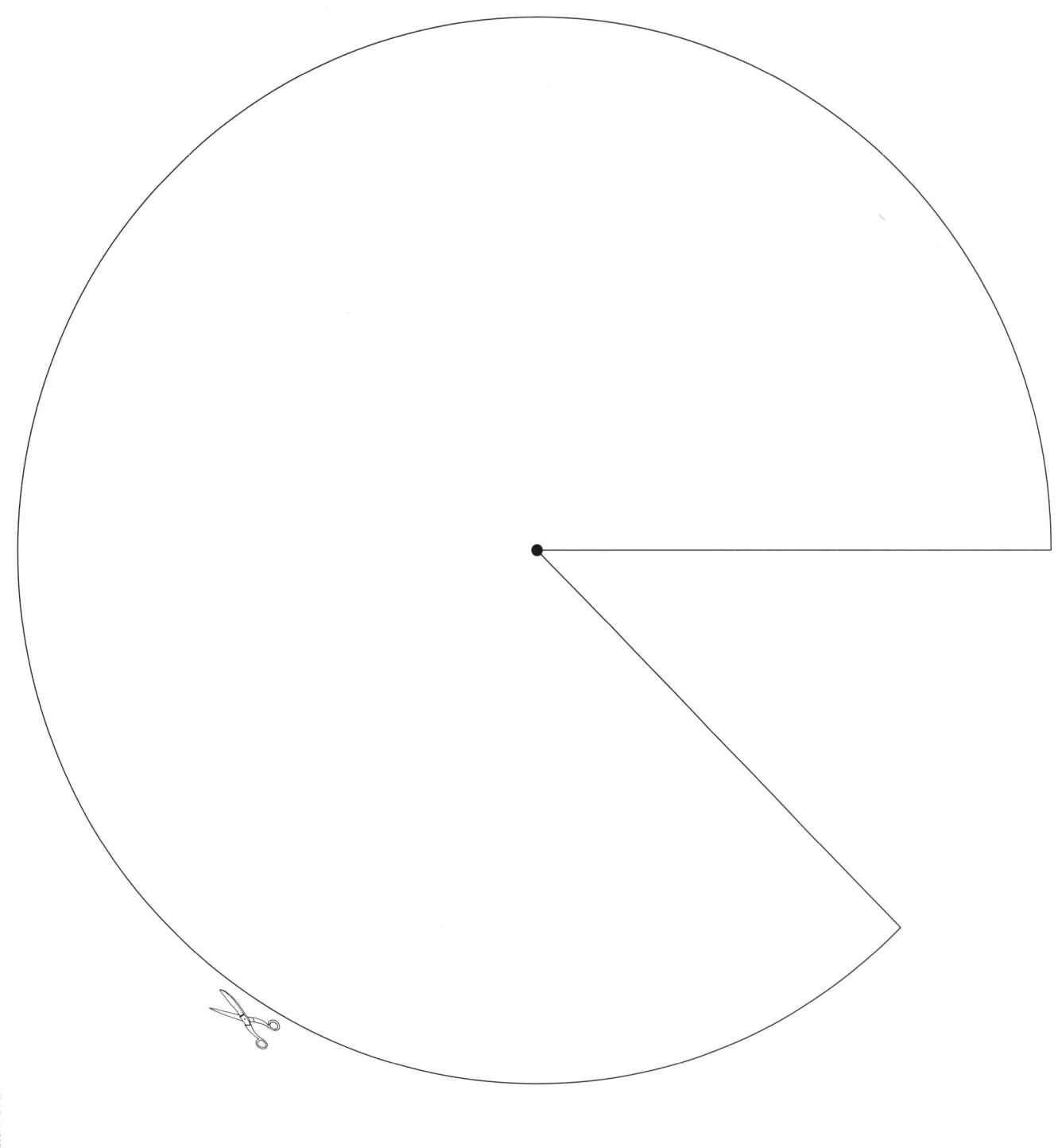

Kopiervorlage 83 — St/Str und Sp/Spr am Wortanfang

Drehscheibe 1: Wörter mit „Sp"

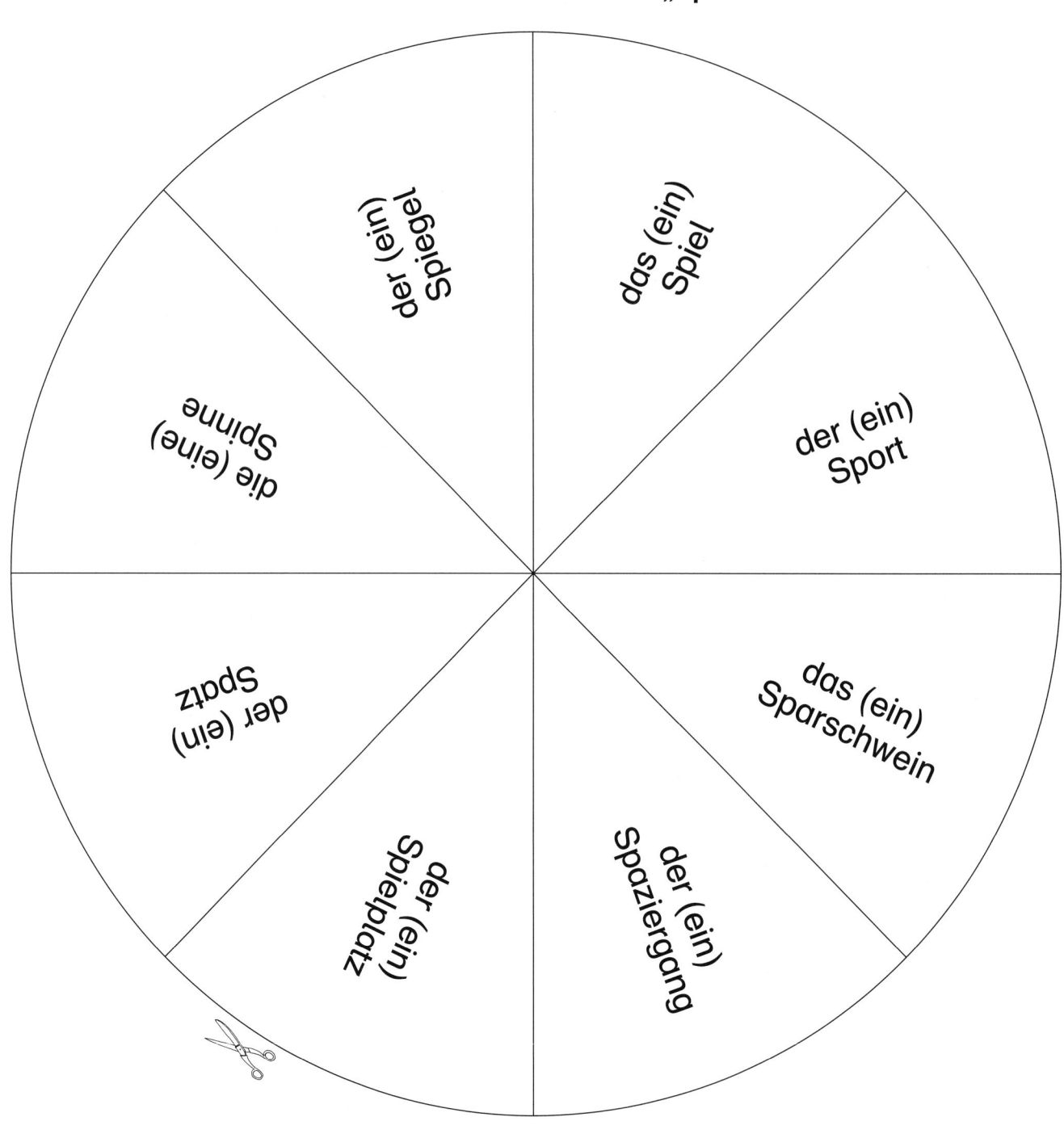

- das (ein) Spiel
- der (ein) Sport
- das (ein) Sparschwein
- der (ein) Spaziergang
- der (ein) Spielplatz
- der (ein) Spatz
- die (eine) Spinne
- der (ein) Spiegel

Drehscheibe ausschneiden, Deckplatte mit Sichtfenster (KV 82, S. 99) darauflegen, mit einer Klammer in der Mitte fixieren.

Kopiervorlage 84 — St/Str und Sp/Spr am Wortanfang

Drehscheibe 2: Wörter mit „Sp"

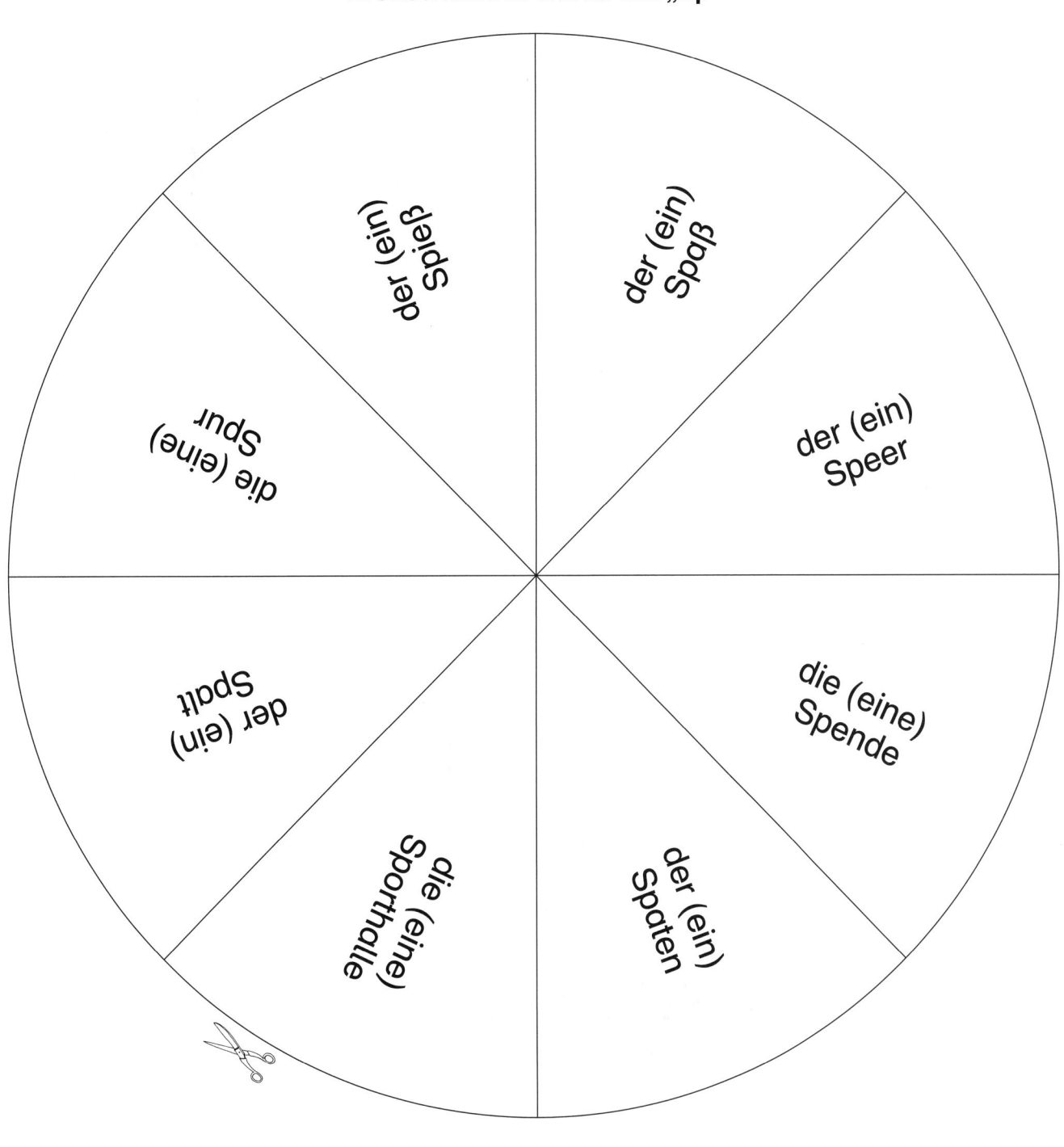

- der (ein) Spaß
- der (ein) Speer
- die (eine) Spende
- der (ein) Spaten
- die (eine) Sporthalle
- der (ein) Spalt
- die (eine) Spur
- der (ein) Spieß

Drehscheibe ausschneiden, Deckplatte mit Sichtfenster (KV 82, S. 99) darauflegen, mit einer Klammer in der Mitte fixieren.

Kopiervorlage 85   **St/Str und Sp/Spr am Wortanfang**

Drehscheibe 3: Wörter mit „Spr"

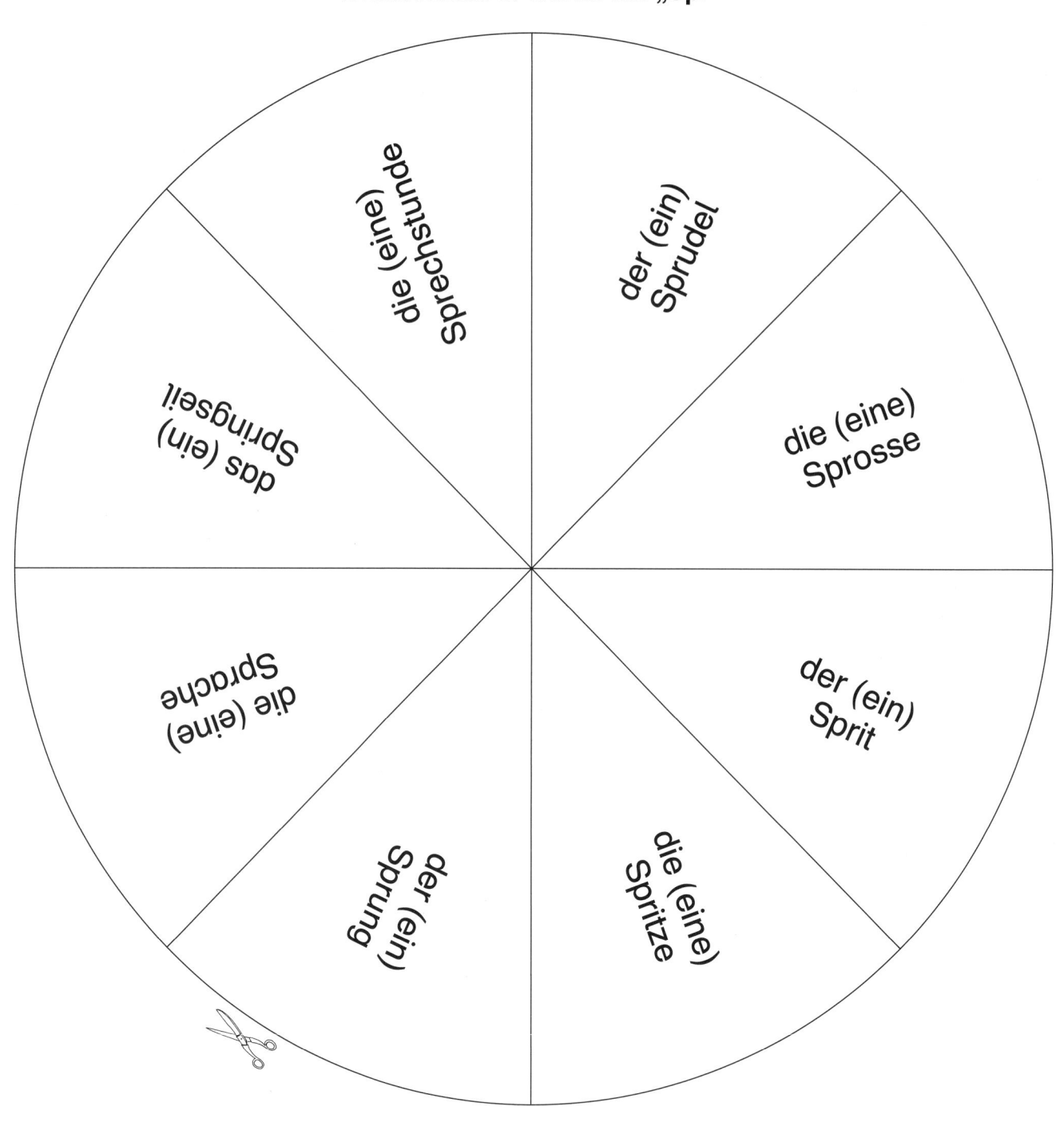

- die (eine) Sprechstunde
- der (ein) Sprudel
- die (eine) Sprosse
- der (ein) Sprit
- die (eine) Spritze
- der (ein) Sprung
- die (eine) Sprache
- das (ein) Springseil

Drehscheibe ausschneiden, Deckplatte mit Sichtfenster (KV 82, S. 99) darauflegen, mit einer Klammer in der Mitte fixieren.

Kopiervorlage 86 **St/Str und Sp/Spr am Wortanfang**

Drehscheibe 4: Wörter mit „St"

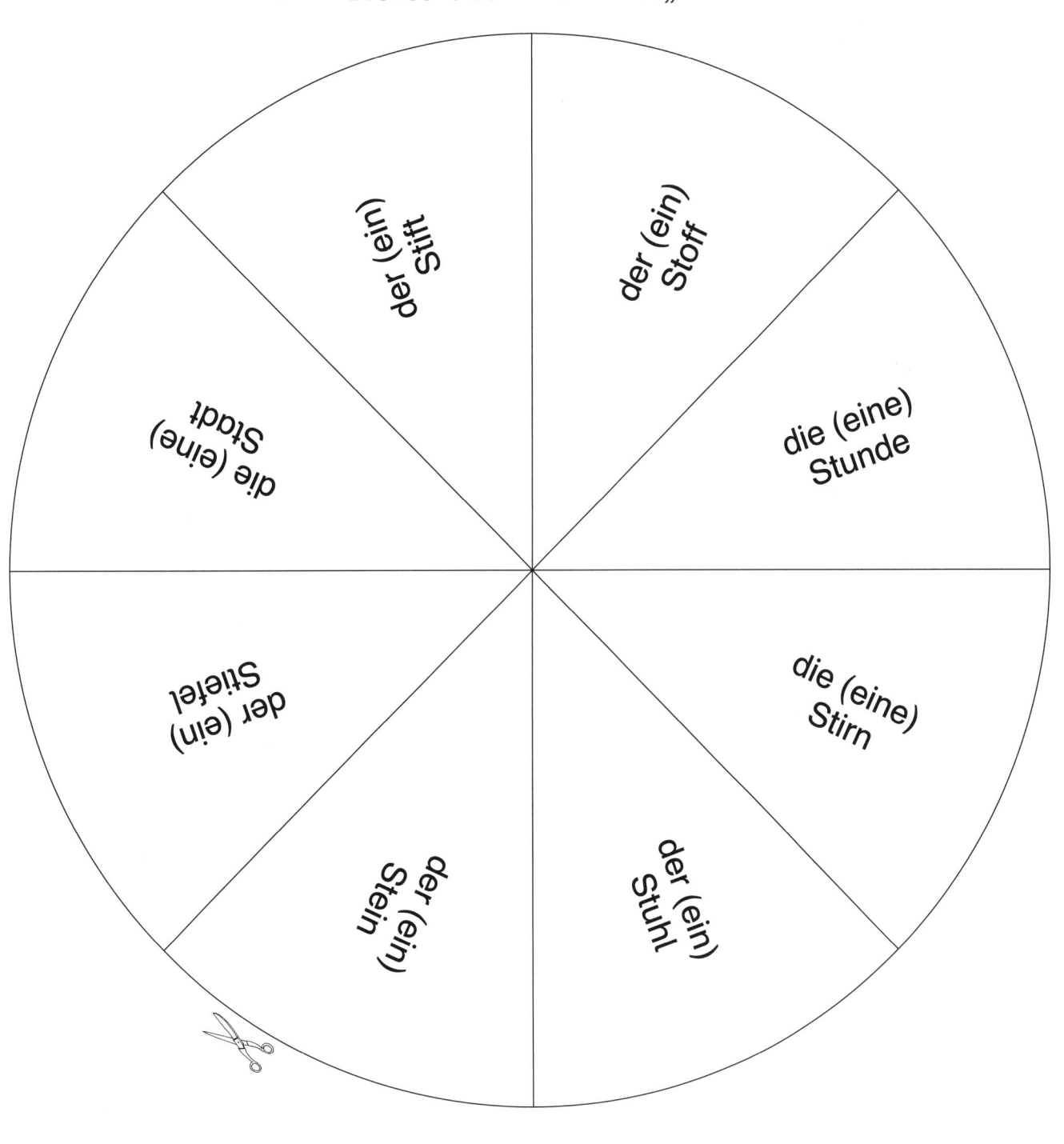

- der (ein) Stift
- der (ein) Stoff
- die (eine) Stunde
- die (eine) Stirn
- der (ein) Stuhl
- der (ein) Stein
- der (ein) Stiefel
- die (eine) Stadt

Drehscheibe ausschneiden, Deckplatte mit Sichtfenster (KV 82, S. 99) darauflegen, mit einer Klammer in der Mitte fixieren.

Kopiervorlage 87 **St/Str und Sp/Spr am Wortanfang**

Drehscheibe 5: Wörter mit „Str"

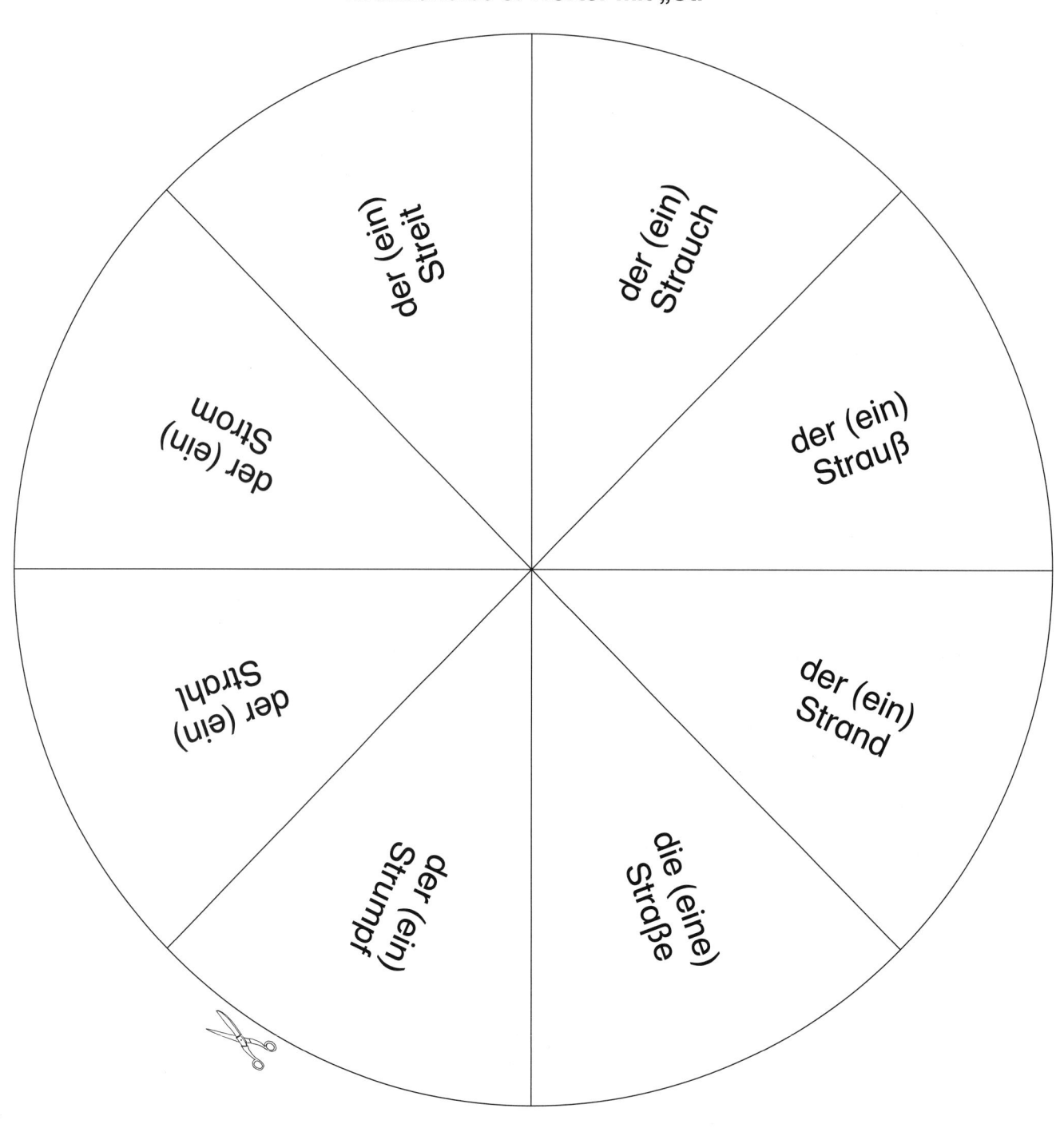

- der (ein) Strauch
- der (ein) Strauß
- der (ein) Strand
- die (eine) Straße
- der (ein) Strumpf
- der (ein) Strahl
- der (ein) Strom
- der (ein) Streit

Drehscheibe ausschneiden, Deckplatte mit Sichtfenster (KV 82, S. 99) darauflegen, mit einer Klammer in der Mitte fixieren.

Kopiervorlage 88 — St/Str und Sp/Spr am Wortanfang

Bilder-Drehscheibe (1)

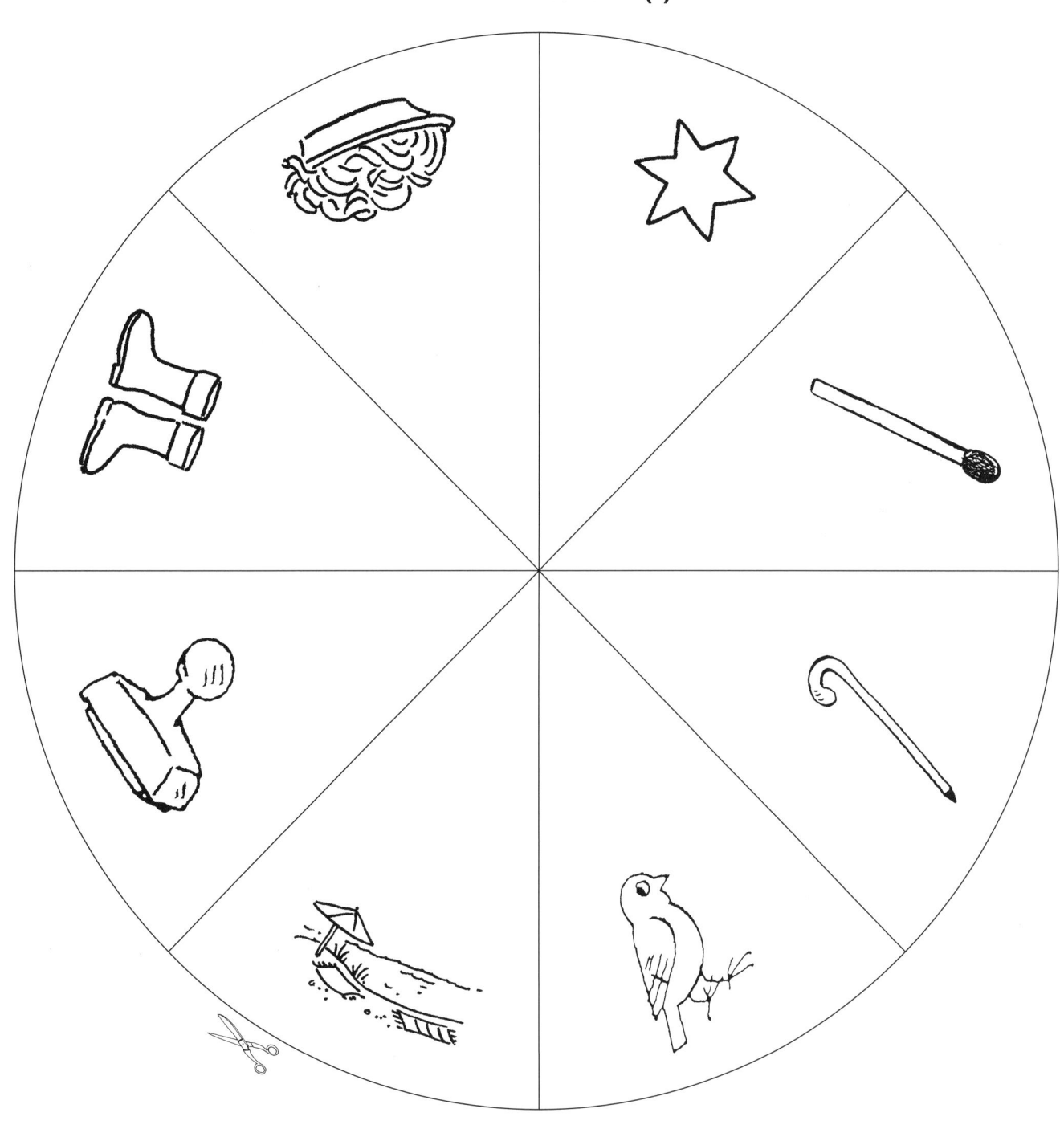

Drehscheibe ausschneiden, Deckplatte mit Sichtfenster (KV 82, S. 99) darauflegen, mit einer Klammer in der Mitte fixieren.

Kopiervorlage 89   **St/Str und Sp/Sr am Wortanfang**

Bilder-Drehscheibe (2)

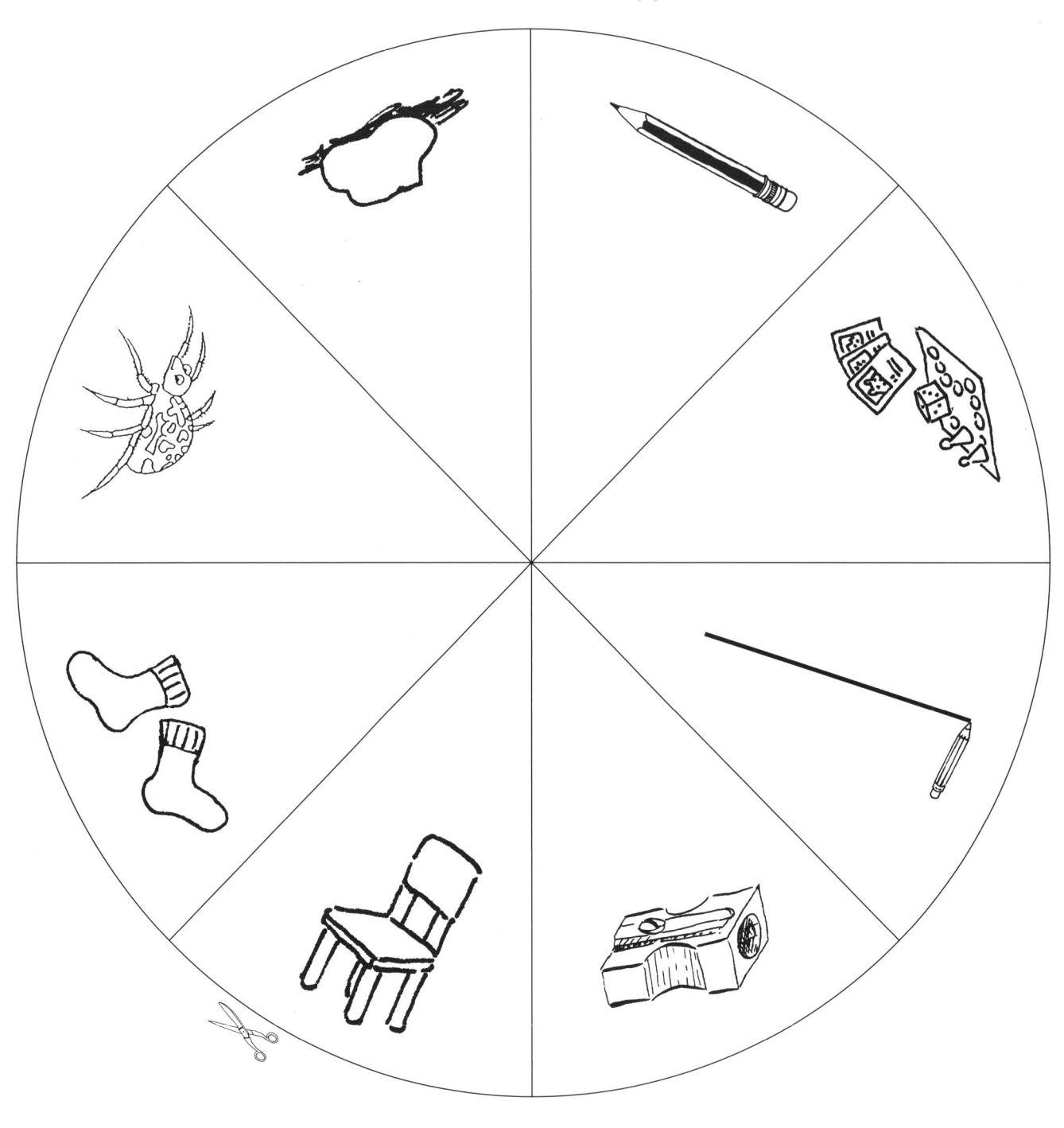

Drehscheibe ausschneiden, Deckplatte mit Sichtfenster (KV 82, S. 99) darauflegen, mit einer Klammer in der Mitte fixieren.

Kreativ und spritzig Deutsch unterrichten!

Bernd Ganser (Hrsg.)/Sibylle Schüller

Gut vorbereitet auf den Schreiblehrgang
Schreibmotorische Übungen für Vorschulkinder und Schulanfänger

Wichtige Grundlagen für das Schreibenlernen schaffen! Dazu bietet Ihnen dieser Band:
- motorische Übungen zur Förderung der Beweglichkeit in den Schultern und den Armen, den Händen und Fingern,
- einen graphomotorischen Vorkurs mit grundlegenden Informationen und Arbeitsblättern,
- motivierende Klatsch- und Fingerspiele sowie Abzählreime zur Motivation und Förderung.

Sie erhalten zahlreiche Kopiervorlagen, die im Kindergarten oder im **Anfangsunterricht** der Primarstufe direkt und problemlos eingesetzt werden können. Alle Kopiervorlagen sind auf einem kindgemäßen Niveau konzipiert, haben hohen Aufforderungscharakter und sind liebevoll illustriert.

104 S., DIN A4, kart.
▶ Best.-Nr. **4574**

Bernd Ganser (Hrsg.)/Thomas Mayr

Besonders begabte Kinder individuell fördern
Deutsch – Band 1 und 2

Praxiserprobte Materialien und Kopiervorlagen zur Förderung besonders begabter Kinder von 7–10 Jahren!

Nutzen Sie diese passgenauen Ideen direkt aus der Praxis für Ihren eigenen Unterricht! Fördern Sie so besonders **begabte und leistungsstarke Schüler/-innen** mit kreativen Ideen, die die Kinder der Klassen 1–4 immer wieder aufs Neue herausfordern und motivieren. So leiten Sie die Schüler/-innen zu selbstreguliertem Lernen an und vermeiden langweiliges Wiederholen bereits bekannter Inhalte.
Die vorliegenden Bände für das Fach Deutsch sind eine unentbehrliche Hilfe für den Regel- und Förderunterricht sowie die Arbeit im Elternhaus. Alle Materialien lassen sich ohne große Vorbereitung in den Unterricht integrieren.

Band 1
136 S., DIN A4, kart.
▶ Best.-Nr. **4649**

Band 2
148 S., DIN A4, kart.
▶ Best.-Nr. **4908**

Auer BESTELLCOUPON Auer

Ja, bitte senden Sie mir/uns mit Rechnung:

Bernd Ganser (Hrsg.)/Thomas Mayr
Besonders begabte Kinder individuell fördern Deutsch

____ Expl. **Band 1** Best.-Nr. **4649**
____ Expl. **Band 2** Best.-Nr. **4908**

____ Expl. Bernd Ganser (Hrsg.)/Sibylle Schüller
Gut vorbereitet auf den Schreiblehrgang Best.-Nr. **4574**

Bitte kopieren und einsenden/faxen an:

Auer Versandbuchhandlung
Postfach 11 52
86601 Donauwörth

Meine Anschrift lautet:

_____
Name/Vorname

_____
Straße

_____
PLZ/Ort

_____
E-Mail

_____
Datum/Unterschrift

Bequem bestellen direkt bei uns!
Telefon: 01 80 / 5 34 36 17
Fax: 09 06 / 7 31 78
E-Mail: info@auer-verlag.de
Internet: www.auer-verlag.de

Praxisorientiert und topaktuell: Materialien von Auer!

Für einen lebendigen Unterricht!

Praxiserprobte Materialien für Ihren Unterricht!

Bernd Ganser (Hrsg.)/Dolenc/Fisgus/
Kraft/von Reusner

„Damit hab ich es gelernt!"

Materialien und Kopiervorlagen zum Schriftspracherwerb

Ausgehend vom entwicklungspsychologischen Stufenprozess beim **Schriftspracherwerb** werden für jedes Grundschulkind je nach Entwicklungsstufe motivierende **Übungen** zum Lesen und Rechtschreiben angeboten. Für eine individuelle **Förderung** und unabhängig von der Jahrgangsstufe!
Richtig lesen und schreiben lernen mit:
- einer kurzen, prägnanten theoretischen Einführung
- einem umfangreichen praxisorientierten Materialteil mit Farbabbildungen sämtlicher Materialien und Hinweisen zu Einsatz und Handhabung
- einer Fülle abwechslungsreicher, passgenauer Kopiervorlagen

136 S., DIN A4, kart., farbig
▸ Best.-Nr. **3152**

Bernd Wehren

Rätselhafte Punkt-zu-Punkt-Bilder

Spielerisch Lesen und Schreiben üben in 3 Schwierigkeitsstufen

52 Arbeitsblätter mit Lösungen und Urkunde

Spielerisch, locker und überaus erfolgreich: Mit diesen Materialien fördern Sie die Lese- und Schreibkompetenz Ihrer Schüler/-innen sinnvoll und differenziert. Die Kinder verbinden Wörter zu einem Satz und üben gleichzeitig genau zu lesen und sinnvolle Sätze zu bilden. So entsteht Punkt für Punkt ein Bild. Außerdem: Schreib- und Verständnisaufgaben, weiterführende Erzähl-, Mal- und Schreibanlässe, Lösungen zur Selbstkontrolle und eine Urkunde; Differenzierung durch Steigerung der Wörter- und Fragenanzahl.

72 S., DIN A4, kart.
▸ Best.-Nr. **4891**

Sigrid Bairlein/Christel Butters/
Rita Langheinrich/Ilse Stork

Trimm dich fit zum Leseprofi!

Training zur Förderung der Lesekompetenz

Diese Materialsammlung bietet abwechslungsreiche Kopiervorlagen und Ideen zur effektiven, zeitsparenden Gestaltung des Leseunterrichts. Mit dem vielseitigen Material zur **Förderung der Lesekompetenz** und sinnvollen Spielen und Tipps motivieren Sie Kinder auch außerhalb des Unterrichts zum freiwilligen Lesen. Anhand vielfältiger Übungen verbessern die Schüler/-innen ihre Lesetechnik, trainieren das sinnentnehmende Lesen und lernen verschiedene Lesestrategien kennen.

128 S., DIN A4, kart.
▸ Best.-Nr. **4253**

BESTELLCOUPON

Ja, bitte senden Sie mir/uns mit Rechnung:

_____ Expl. Bernd Ganser (Hrsg.)/Dolenc/Fisgus/
Kraft/von Reusner
„Damit hab ich es gelernt!"   Best.-Nr. **3152**

_____ Expl. Bernd Wehren
Rätselhafte Punkt-zu-Punkt-Bilder   Best.-Nr. **4891**

_____ Expl. Sigrid Bairlein/Christel Butters/
Rita Langheinrich/Ilse Stork
Trimm dich fit zum Leseprofi!   Best.-Nr. **4253**

Bequem bestellen direkt bei uns!
Telefon: 01 80 / 5 34 36 17
Fax: 09 06 / 7 31 78
E-Mail: info@auer-verlag.de
Internet: www.auer-verlag.de

Bitte kopieren und einsenden/faxen an:

**Auer Versandbuchhandlung
Postfach 11 52
86601 Donauwörth**

Meine Anschrift lautet:

_____
Name/Vorname

_____
Straße

_____
PLZ/Ort

_____
E-Mail

_____
Datum/Unterschrift